U0061610

錢穆在香港

人文 ◎ 教育 ◎ 新史學

周佳榮——著

1978 年錢穆先生回港參加新亞校慶活動演講時攝

錢穆伉儷回港參加校慶活動，與新亞研究所師生合照。後排穿西裝者，右邊是孫國棟先生，左邊是嚴耕望先生，嚴先生左邊是新亞研究所畢業生張偉國，時在樹仁學院歷史系任教。

新亞中學圖書館內的錢穆先生像　　　新亞研究所牌匾

新亞書院圖書館

新亞書院圓亭教室

王德昭教授

劉家駒先生（中）、李金強
（右）、周佳榮（左）

新亞書院歷史系部分師生
合照（1972-1973 年）

策劃編輯： 梁偉基

責任編輯： 王　昊

書籍設計： a_kun

書　　　名	錢穆在香港：人文・教育・新史學
著　　　者	周佳榮
出　　　版	三聯書店（香港）有限公司
	香港北角英皇道 499 號北角工業大廈 20 樓
	Joint Publishing (H.K.) Co., Ltd.
	20/F., North Point Industrial Building,
	499 King's Road, North Point, Hong Kong
香港發行	香港聯合書刊物流有限公司
	香港新界大埔汀麗路 36 號 3 字樓
印　　　刷	寶華數碼印刷有限公司
	香港柴灣吉勝街 45 號 4 樓 A 室
版　　　次	2020 年 9 月香港第一版第一次印刷
規　　　格	大 32 開（140 × 210 mm）200 面
國際書號	ISBN 978-962-04-4678-8

© 2020 Joint Publishing (H.K.) Co., Ltd.

Published & Printed in Hong Kong

目錄

序：

說不完的新亞

佳榮兄撰新著，並囑作序。

出版社一送抵校對稿，看了書名，立刻擱下案頭工作，一口氣認真地閱讀，三日而畢。全稿通讀了一遍，心頭湧現王勃《滕王閣餞別序》中的幾句話。「所賴君子安貧，達人知命。老當益壯，寧移白首之心；窮且益堅，不墜青雲之志。」這幾句話，直濃縮了我對佳榮兄撰寫此書的情懷和意向的理解。

與佳榮兄論交已逾五十年。自入新亞書院，然後香港中文大學研究院，然後負笈日本同校同系，三度同窗；之後，因學術文化與文字的往來，四十多年不輟，可說是世緣非淺。五十年的相交，也成為知己。佳榮兄真是讀書種子，日以書本為伍，是一個整天與書籍打交道的人。大學開始，他已致志於史學的研究，雖有文學情懷也富文采，卻以為餘事。他勤於著述，數十年如一日。二十年前，曾刻了「依然白髮一書生」和「書生意氣」兩方閒章，以自勵自況，看來，用之以喻佳榮兄，更恰當不過。

佳榮兄退休後，教書、演講和撰述如故，依舊沒啥閒逸，大

有「不知老之將至」之慨。在我看來，退休後的他，最大的不同，是擺脫了現行學術和大學教育的各種羈絆，踐行自己的意願。如同會花更多的精力和時間，以從事宏揚文化，普及學術的寫作。佳榮兄幾十年來，除研究和撰述學術論著外，也一直努力於學術文化的宏揚和普及工作，自始就不是一個只會埋首故紙堆的學者。退休以後，更能率性隨心而已。近年他用心撰寫了好幾本深入淺出的史學著作，大裨益於後學，就是最好的明證。真正的學者，大都在學術著述之外，不忘以自己堅實的學養，通透的觀點，撰寫深入淺出、以廣益後學和社會大眾的著作。此書的傳主錢賓四先生，就是一個很典型的例子。這原該是學人的一種文化責任，一種教育責任。深受新亞人文精神薰陶，浸淫於「通經致用」的新亞史學學統的佳榮兄，更明白這種道理。謂他「老當益壯，寧移白首之心；窮且益堅，不墜青雲之志」，豈為過哉？！

關於三國時代的諸葛孔明，有這樣的一個記載。「桓溫征蜀，猶見武侯〔諸葛亮〕時小史，年百餘歲。溫問：『諸葛丞相今誰與比？』答曰：『諸葛在時，亦不覺異，自公沒後，不見其比。』」這是一個小人物，經三國魏晉紛亂之極的世變，對被譽為「三代之後第一人」、自己面識而已的諸葛孔明，有這樣的印像，說出了這樣的感受。話似尋常，卻很真實，細想一下，會覺意味深長。英雄不世出，聖賢何獨不然！作為新亞精神最上揚、歷史學系師資最鼎盛的農圃道時代的新亞書院的過來人，閱畢佳榮兄這本著作，對錢賓四先生之在香港，真有像蜀國小史所說的感受。佳榮兄這本著作，從史學、歷史教育和文化影響三方面入手，奠基於有關賓四先生和

新亞書院的豐富文獻和著作，糅合了自己在學時的切身聞見和體驗，再經幾十年在學術和文化教育界的體會，而寫成的。「文章為時而作」，此時此地，撰著以抉發錢先生的潛德幽光，其價值豈只是闡釋錢先生在香港的往跡而已矣！

在此著作中，無論旨題和內容，佳榮兄闡述和分析得已很周至透澈，結構也很完整，鄙人實少所置喙和補充的餘地。佳榮兄的文字，素以清通流暢見稱，也無必另作解人。既承佳榮兄的不棄，囑為序，謹借此略及與佳榮兄的世誼和對他的認識，作為同為新亞舊侶的一份文字紀念。

陳萬雄

自序：

錢穆、新亞與
香港文教事業

　　史學家錢穆五十五歲來港，以堅毅的信念和過人的魄力創辦新亞書院和新亞研究所，離任後於七十三歲時移居台灣，在香港的十八年間，成就了他一生最重要的教育事業，他長期以來建構的史學體系至此亦宣告完成。錢穆生前出版的最後一本書是《新亞遺鐸》，收錄新亞校訓、學規、校歌及講詞、文稿等，可見他晚年對新亞時期教研事業的重視，並且在回憶中一直念念不忘。

　　1963 年香港中文大學成立，是繼香港大學之後本地的第二所大學。香港中文大學的三個成員學院之中，新亞書院的創建早於崇基學院和聯合書院，也早於其他私立大專院校如香港浸會學院（香港浸會大學前身）等，足見其在香港高等教育中的重要性。現時新亞書院和新亞研究所的校訓都是「誠明」，很少人知道創立時的宗旨是「人文」，一直沿用了六年，到 1955 年。人文精神是新亞創校的初衷，是新亞精神的根源。

　　書院是中國教育的傳統，新亞是要弘揚宋代以來的書院制度。

書院譯成英文就是 college，不過在香港，college 譯成中文卻分兩級，一般中等學校和大專院校是「書院」，再高一級的書院叫做「學院」。崇基一開始就是學院，新亞和聯合至今都是書院；浸會是由書院升格為學院，再升格為大學的；樹仁亦一樣由書院升至學院再升至大學，珠海也是由書院升格為學院的。以繼承中國書院辦學為職志，新亞是明顯的例子。

梁啟超在二十世紀初年提倡「新史學」，影響中國學術界至巨。錢穆早年編著《國學概論》，即採梁氏《清代學術概論》大意，作分期敘述，其《中國近三百年學術史》亦可與梁氏同名之書相提並論。錢穆在香港期間，尤致力於歷史教育，編撰多種普及著作，新亞歷史系開本地高等教育之先河。錢著《中國歷史研究法》一書，亦與梁啟超的著作同名。「新亞史學」謂為演繹梁啟超新史學的主張，亦曰得宜。

錢穆生於 1895 年 7 月 30 日，今年適逢錢穆誕生一百二十五周年紀念，本書謹以「錢穆在香港」為題，闡述他對本地高等教育的貢獻，從新亞書院和新亞研究所的創辦與發展，到促成香港中文大學的成立、人文精神的提倡，以及新史學的成長。本書副題「人文‧教育‧新史學」，就是要表達錢穆為香港學界帶來的影響。

2017 年，拙著《錢穆史學導論 —— 兩岸三地傳承》出版時，本擬兼論當年新亞書院諸位師長一時無兩的學術氣象，但只有寥寥數語提及。本書盡量在相關的地方加以介紹，希望可以從更廣闊的角度彰顯錢穆在港辦學的情形。另闢〈新亞史學家〉一篇，記述創辦初期的師生傳承，而這九位學者都是我在史學研究成長歷程中引

領前路的恩師和前輩。述往事，思來者，戰後香港高等教育此一精彩階段，相信有很多寶貴的經驗可供參考。

　　大學時代的同窗，畢業後仍常往還，光陰荏苒，不覺已近半個世紀了。摯友陳萬雄兄撥冗為本書撰序，尤有多重意義；張偉國兄提供錢穆晚年回港參加活動的照片，保留了珍貴時刻的影像；梁偉基博士亦給予了大力支持，使本書得以順利完成；還有浸大歷史系和新亞研究所同事師生的關懷，在此一併致謝。是為序。

周佳榮

2020 年 2 月 25 日

於新亞研究所

題識

本書記述著名史學家錢穆 1949 年來港創辦新亞書院的經過，1953 年成立新亞研究所的宗旨，以及 1963 年香港中文大學創立前後，新亞書院與崇基學院、聯合書院加入的情形。新亞書院早期的教育宗旨是人文主義，1955 年才以「誠明」作為校訓；錢穆的辦學活動，影響所及，並不限於新亞，功在全港，尤其是中文教育。他致力弘揚中國文化，促進新史學的發展，新亞書院於 1956 年將文史系分為中文、歷史兩系，歷史系開香港高等院校創系先河，中國史、西洋史、日本史及東南亞史兼備，規模恢宏，培養了不少人才。

新亞書院歷史系在錢穆的領導下，名師輩出，有牟潤孫、嚴耕望、全漢昇、王德昭、陳荊和等，而由他們培養出來的早期學者，或留校任教，或受聘本地和海內外高等院校，卓有成就。孫國棟出任新亞研究所所長，章群任教香港大學中文學院，劉家駒擔任香港浸會學院（香港浸會大學前身）歷史系系主任，蘇慶彬任教香港中文大學歷史系，在本地學府的不同崗位傳承新亞學風，各有其代表

意義。

　　本書包括兩部分：上篇「錢穆與新亞：從書院到研究所」，分九章闡明錢穆在香港辦學的歷程，至 1967 年離港，前後十八年；下篇「新亞史學家：早期的師生傳承」，亦分九章，旨在說明農圃道時期歷史系的學術氣象。向來關於錢穆的著作，大多集中於介紹新亞書院，本書則通過新亞研究所的教研活動，更深入地論證錢穆的新史學成就和實踐，並分述校內史學諸師的專長，以及師生之間的學術傳承。

上篇

錢穆與新亞：
從書院到研究所

　　著名歷史學家錢穆自學成材，早年任教小學、中學十八年，終於成為大學教授，先後在燕京大學、北京大學、清華大學和北平師範大學等校講學。抗日戰爭期間，任西南聯合大學教授；後在成都主持齊魯大學國學研究所，同時在齊魯大學兼課；復應邀轉入華西大學文學院，兼四川大學教席。抗戰勝利後，赴昆明任五華學院研究所所長，並為雲南大學兼任教授；旋轉到江南大學，任文學院院長。1949 年春赴廣州，任華僑大學教授；同年秋天，隨校赴香港。適張其昀、謝幼偉、崔書琴創辦亞洲文商學院（通稱新亞文商夜校），任為院長。

　　次年，錢穆改夜校為日校，易名為新亞書院，任常務董事、院長。1953 年秋創立新亞研究所，次年兼任所長。1956 年，農圃道校舍落成，是新亞書院有自設校舍之始。1950 年以來的「桂林街時代」至此結束，「農圃道時代」直至 1973 年書院遷入新界沙田為止，凡十八年。新亞研究所初時租用太子道樓宇一層，後隨書院遷到農圃道校舍，書院和研究所從分立到合一，教研工作有飛躍性的進展。文學院的本科生畢業後，可入研究所進修，攻讀碩士課程，在錢穆擔任所長期間培養了一批文學、歷史、哲學人才。

　　1963 年 10 月，香港中文大學成立，新亞書院是三個成員學院之一，與崇基學院、聯合書院鼎足而三。錢穆於 1965 年 6 月卸任新亞書院院長職務，當時他已七十一歲。同年赴吉隆坡，任馬來亞大學教授，幾個月後返港，開始撰寫他畢生代表性的巨著《朱子新學案》。1967 年 10 月遷居台灣，次年入住台北的素書樓。

　　錢穆五十五歲來港，在香港居留十八年，完成了他一生最重要

的辦學事業，其間出版的著作多達二十種。他來港前出版的著作之中，以《先秦諸子繫年》、《中國近三百年學術史》和《國史大綱》最具代表性；在港期間出版的《秦漢史》及《兩漢經學今古文平議》、《史記地名考》和《宋明理學概述》是學術性著作，其他的則多以普及為目的，包括《中國歷代政治得失》、《中國思想史》、《中國思想通俗講話》，影響較為廣泛。至於《文化學大義》和《論語新解》，是在此前已刊著作的基礎上再加發揮，更上一層樓，前後輝映。文化學和論語學，是錢穆後期學術的兩大亮點。（表 1）

表 1　錢穆在香港期間出版的主要著作

書名	出版社	出版年份
《國史新論》	香港、台灣（自印本）	1951
《莊子纂箋》	香港：東南出版社	1951
《中國思想史》	台北：中華文化出版事業委員會	1952
《中國歷代政治得失》	香港（自印本）	1952
《中國歷史精神》	印尼：耶加達〔雅加達〕天聲日報	1952
《文化學大義》	台北：正中書局	1952
《四書釋義》	台北：中華文化出版事業委員會	1953
《宋明理學概述》	台北：中華文化出版事業委員會	1953
《人生十論》	香港：人生出版社	1953
《中國思想通俗講話》	香港（自印本）	1955
《秦漢史》	香港（自印本）	1957
《莊老通辨》	香港：新亞研究所	1957

書名	出版社	出版年份
《兩漢經學今古文平議》	香港：新亞研究所	1958
《學籥》	香港（自印本）	1958
《民族與文化》	台北：聯合出版中心	1960
《湖上閒思錄》	香港：人生出版社	1960
《中國歷史研究法》	香港：孟氏教育基金會	1961
《史記地名考》（上、下）	香港：太平書局	1962
《論語新解》	香港：新亞研究所	1963
《中國文學講演集》	香港：人生出版社	1963

　　錢穆在香港出版的著作，計有十四種，其中五種是自印本，人生出版社和新亞研究所各三種。

第一章

早年事跡：
來港前的教研活動

自學和成長之路

　　錢穆（1895-1990），江蘇無錫人。七歲入私塾，後在家讀書；十歲入果育小學，兩年後與兄長一同考入常州府中學堂。監督（即校長）屠寬的父親屠寄（1856-1921）是著名史家，尤擅長蒙古史和元史；這位「太老師」的書房陳設和書桌上擺放的文稿，深深打動了錢穆。校中有位教歷史和地理的老師呂思勉，後來成為史學名家，錢穆也從他那裏學得很多知識，終身受用。[1]

　　呂思勉（1884-1957），字誠之，1907 年至 1909 年間在常州府中學堂任教，是校中最年輕的教師，時有鴻議創論，為學生所推敬，他對錢穆深為獎掖。錢穆成名後，仍常與呂師作學術切磋，互

---

[1]　錢穆著《八十憶雙親師友雜憶合刊》，《錢賓四先生全集》（台北：聯經出版公司，1998年）第五十一冊，頁 51-52。

相欣賞，互有補益。[2] 學界每以錢穆的《國史大綱》與呂氏的《中國通史》（上、下冊）和《白話本國史》相提並論，至今仍是各具特色的中國通史代表性著作。

　　1911 年錢穆十七歲時，入南京鍾英中學。這年辛亥革命爆發，翌年錢穆輟學家居，矢志自修，後兼小學教師。商務印書館編印的《東方雜誌》徵文，錢穆參加並獲三等獎。他在小學教國文和史地課，1919 年二十五歲時任小學校長，學校規模很小，連錢穆在內只有三個教師。他朝夕勤奮讀書三年，分早、午、晚三個時段讀經子、雜書和史籍，學問大進，同事譽他為博學之人。[3]

　　錢穆出版的第一本書是《論語文解》（上海：商務印書館，1918 年），獲報酬一百元書券，他用來購買經史子集四部中所缺之書。[4] 他一生勤讀《論語》，實自此時開始。1922 年赴福建廈門集美學校任中學國文教師，第二年轉到無錫江蘇省立第三師範學校任教，開《論語》課，編成《論語要略》（上海：商務印書館，1925年）；講《孟子》，編成《孟子要略》（上海：大華書局，1926 年）。

2　嚴耕望著《錢賓四先生與我》（台北：台灣商務印書館，1992 年），頁 5。

3　周佳榮著《錢穆史學導論 —— 兩岸三地傳承》（香港：中華書局〔香港〕有限公司，2017 年），頁 13-14。

4　朱少璋主編《沈燕謀日記節鈔及其他》（香港：中華書局〔香港〕有限公司，2020 年），1954 年 7 月 29 日載，《論語文解》書成，「郵致商務印書館，主商務印書館編輯者稱書可用，願得版權，而以印行成書二百部為酬。錢先生請易書以金，商務許焉，立致本館書券直二百金為報。先生得券，詣鄉之書肆與商，以券易書，而不限於商務出版者，書肆許諾。先生由是得其他上海書坊石印四部要籍數十種以歸，窮日累月，勤讀不倦，學以大進」。（頁 166）所記較錢穆自述為詳，書券二百元則應為一百元之誤。（頁 166）

錢穆自云勤於著述，實亦由於「窘困無以為活」，《墨子》七日而
成，《王守仁》於學校開課前旬日為之，又售《惠施公孫龍》舊稿
以濟家貧，《周公》則是摘譯日人林泰輔的《周公與其時代》，上述
諸書，均由商務印書館於 1930 年至 1931 年間出版。

從考證孔子行蹤開始

　　早在 1923 年，錢穆於無錫三師講授《論語》時，便開始考證
孔子行蹤，經過七年時間，終於寫成三十萬字，對春秋戰國諸子
百家作了全面而詳細的探討。當時四川學界領軍人物之一的蒙文
通（1894-1968），到蘇州中學探訪錢穆，讀《先秦諸子繫年》書
稿手不釋卷，認為功力不在「乾嘉諸老」之下。著名史學家顧頡剛
（1893-1980）看到書稿後，囑錢穆寄稿到他負責的《燕京學報》，
錢穆的〈劉向歆父子年譜〉刊出後，即引起學界注意。

　　1930 年秋，顧頡剛推薦錢穆到燕京大學任國文講師。次年任
國立北京大學歷史系副教授，這是他在大學講授歷史課程之始；旋
升任為教授，並在國立清華大學、私立燕京大學、國立北平師範大
學（北京師範大學）兼課。錢穆初在北京大學任教時，校方規定要
擔任「中國上古史」和「秦漢史」兩科，錢穆自選的科目，是「中
國近三百年學術史」。名家梁啟超（1873-1929）曾在清華國學研究
院開設此科，所撰《中國近三百年學術史》已於 1924 年在報刊上
開始發表，1926 年出版單行本；錢穆認為彼此意見相異，因而在北
大開設相同科目，並且自編講義，取徑與梁氏迥殊，歷時五載而成

《中國近三百年學術史》上、下冊（上海：商務印書館，1937 年），
一時頗受重視，成為他的代表作之一。概略地說，梁著比較重視近
三百年間學術「外緣因素」的解釋，錢穆則多注意「內在理路」的
分析，二人觀點的異同蓋在於此。梁著具開拓性，有宏觀和全面的
架構，但內容稍為簡略，間中有待補之處；錢書的重點和處理手法
既不同，論述亦較詳細，有補充亦有深化，兩書並讀可收互相配合
之效。[5]

　　顧頡剛對梁、錢二書，有扼要的評論，他說：「梁啟超對於清
代學術極為留心，其本人復為經今文學運動的一員，撰有《清代學
術概論》、《近三百年學術史》。前書可見清代學術演變的大概；
後書本屬未定稿，雖較前書為詳，然頗凌亂。錢穆先生亦撰有《近
三百年學術史》，書中首述兩宋學術淵源，以經世明道之旨為依
歸；正論凡十七家，詳人所略，略人所詳，與梁氏書取徑不同。」[6]

　　蘇慶彬憶述他在新亞聽錢穆講課，有一次錢穆提起梁啟超時
說：「讀到梁任公先生說的一句話，『中國不會亡』，更激發我加強
對中國歷史的研究。」錢穆又憤慨地說：「許多人都批評，看梁任
公的文章上，每三行中就能找出一個錯處！試想想，你們寫文章是
躲在圖書館寫的，不要忘記梁任公卻在茶室中，或坐在車廂、輪船
上寫的。」他說話時強調別人對梁啟超的批評是不公平的。錢穆評

5　周佳榮〈從梁啟超到錢穆：兩代國學大師的治史規模〉，載《香港中國近代史學報》第
　　　二期（香港：香港中國近代史學會，2004 年），頁 138-140。

6　顧頡剛著《當代中國史學》（香港：龍門書店，1964 年影印本），頁 87。

論近代的學者當中，對梁啟超是給予極高評價的。[7]

　　應予指出的是，錢穆早年出版的一本重要著作是《國學概論》（上海：商務印書館，1931 年），內容基於梁啟超的新學術史觀念，依時代劃分段落，綜述中國各個學術時期特有的精神。梁氏提倡「新史學」，撰《論中國學術思想變遷之大勢》，對三千年來的中國思想作全面評價，其《清代學術概論》和《中國近三百年學術史》是研究清代學術必讀的著作。錢穆的《國學概論》，採《清代學術概論》大意分期敘述，綜論各期特有的學術精神與時代變遷的關係，重點不同於前此以「流別」為脈絡的學術觀點。錢穆嘗謂先秦諸子乃「階級之覺醒」，魏晉清談為「個人之發現」，宋明理學為「大我之尋證」，其後則為「民族精神之發揚」及「物質科學之認識」。結語強調：「學術不熄，則民族不亡。凡我華胄，尚其勉旃。」[8] 學術思想與國家民族的密切關係，錢穆自始即以為言。

歷史考據和文化研究

　　《先秦諸子繫年》這一巨著，錢穆已於 1930 年春完成，然因課務繁忙，所見典籍未豐，前後花了九年時間，仍然有待補充。及至任教於燕京大學，始得稍訂其譌漏；在北京大學任教期間，生活環

7　蘇慶彬著《七十雜憶──從香港淪陷到新亞書院的歲月》（香港：中華書局〔香港〕有限公司，2011 年），頁 313-314。

8　錢穆著《國學概論》（北京：商務印書館，1997 年新一版），頁 365。

境和學術條件大為改善，此書終於由上海商務印書館於 1937 年出版。《先秦諸子繫年》是錢穆歷史考據的代表作，在二十世紀的新考據學領域中亦佔一席位。錢穆長於考據，但抑漢學而崇宋學的觀點，在他的《中國近三百年學術史》中隨處可見。

錢穆闡發明末以來的經世救國思想，學術性與時代性兼備，是其治學思想的一大特色，在其後的《國史大綱》中尤有明晰的發揮。1937 年七七事變爆發後，展開了長達八年的抗日戰爭。同年 10 月，錢穆赴長沙，入國立長沙臨時大學；翌年赴昆明，入國立西南聯大任教，4 月到蒙自的西南聯大文學院講學。1940 年夏，在成都主持齊魯大學國學研究所，同時在私立齊魯大學兼課。當年他四十六歲，《國史大綱》上、下冊亦於此時由商務印書館出版。

抗日戰爭時期，錢穆曾兩次路經香港。第一次在 1937 年抗戰軍興，錢穆與同事結伴南行，由海道至香港，經廣州至長沙。第二次在 1939 年，錢穆經香港、上海歸蘇州，探望慈母，夫人張一貫亦率子女自北平來會，遂擇居耦園幽僻地。除間中至上海晤呂思勉外，杜門不出。[9]

處於戰時國難深重、人民生活艱苦的環境下，錢穆的《國史大綱》盛讚中國歷史文化博大悠久，疆域廣闊、民族繁多，顯然是要激發國人的民族自尊和愛國熱忱。此書出版後，風行全國，成為各大學通用的歷史教科書，鼓舞了大批青年學子。書中主張用「溫情

9　嚴耕望著《錢賓四先生與我》，頁 17-19。

與敬意」對待中國歷史文化，又強調中國歷史文化的獨特性，中國的政治和社會等各方面，都不比西方落後。此書詳於文化而略於政事，亦是他由歷史研究偏向文化研究的轉捩點。

錢穆《國史大綱》「寓涵民族意識特為強烈」，此書出版後錢穆復作多次演講，激勵軍民士氣，是故群情嚮往。「國家多難，書生報國，此為典範，更非一般史家所能並論。」[10] 史學、史家與時代的關係，於此明白可見。

《國史大綱》論者已多，呂思勉盛讚書中〈論南北經濟〉一節頗可注意，他說「書中敘魏晉『屯田』以下，迄唐之『租庸調』，其間演變，古今治史者，無一人詳道其所以然。此書所論，誠千載隻眼也。」[11] 錢書付印期間請呂思勉作最後一校，故印象特深。

來港前出版的主要著作

錢穆二十四歲時出版第一本書，任教中學期間，勤奮著述，在1930年代初擔任大學教職前，已出版了好幾本書。總括來說，錢穆來港之前共出版了十四種主要著作，在港期間，有十種在香港、台灣兩地重印，較重要的如《國學概論》、《先秦諸子繫年》、《中國近三百年學術史》、《國史大綱》等，續於學界流通。（表2）

10　同上注，頁21。

11　錢穆著《八十憶雙親師友雜憶合刊》，頁52-53。

表 2　錢穆來港前出版的主要著作

書名	初版年份	在港期間重印情況
《論語文解》	1918	
《論語要略》	1925	台北：台灣商務印書館，1964 年。
《孟子要略》	1926	台北：中華文化出版事業委會員 1953 年出版的《四書釋義》，是《論語要略》和《孟子要略》和《大學中庸釋義》的合編。
《王守仁》	1930	改題《陽明學述要》，台北：正中書局，1955 年。
《墨子》	1930	
《周公》（譯著）	1931	台北：台灣商務印書館，1965 年。
《國學概論》	1931	台北：台灣商務印書館，1956 年。香港：國學出版社，1966 年。
《惠施公孫龍》	1931	
《先秦諸子繫年》	1935	香港：香港大學出版社，1956 年。
《中國近三百年學術史》	1937	台北：台灣商務印書館，1957 年。
《國史大綱》	1940	香港：自印本，1955 年。
《文化與教育》	1942	
《政學私言》	1945	台北：台灣商務印書館，1967 年。
《中國文化史導論》	1948	台北：正中書局，1951 年。

香港教育和考試制度

　　香港的大學預科課程，中國歷史科開列的參考書名單，包括羅香林的《中國通史》（台北：正中書局，1954 年）、《中國民族史》（台北：中華文化出版事業委員會，1953 年）和錢穆的《國史大綱》、《中國歷代政治得失》，這四種書一直廣泛為香港的大學預科生所知悉，直至 2009 年推行中學學制改革為止。新亞書院歷史系大學一年級的「中國通史」科，《國史大綱》為指定教材，而「中國通史」又是全校學生必修的科目，所以文、理、商三個學院的學生對《國史大綱》都有概略的認識。大學生需要具備歷史知識，在香港是由新亞書院創先河的。

　　關於戰後初期香港的學制，此處有需要交代一下。當時香港的中學教育，分為英文中學和中文中學，英文中學採五年制，想考入香港大學的話，就要讀兩年的大學預科班，除中、英文兩科外，要讀三個選修科，科目課程和內容較深，中國歷史科亦如是。香港大學採三年制，教學語言是英文，只有中文系（中文學院）用中文，中國文、史、哲等都包括在內。

　　至於中文中學，則採初中三年、高中三年制，學生畢業後，無緣升上香港大學，除非自己另行報考英文中學會考，能夠有足夠條件進入大學預科班，才有資格申請入讀香港大學。否則的話，中文中學的畢業生只可以到其他地方的大學繼續學業。

　　1963 年香港中文大學成立，辦學宗旨原是為中文中學畢業生提供出路，採四年制，與初中三年、高中三年制銜接。但因中文中學

其後同樣改為五年制，畢業生要讀一年中六，才可報考香港中文大學。港大的入學考試，叫做「高級程度會考」；中大的入學考試，叫做「高等程度會考」。簡單來說，就是二年制與一年制的分別。所以英文中學生可以同時報考中大，事實上入讀中大的人數是不少的。

　　一年制預科授課時間實際只有幾個月，所以中國歷史科的內容，大略是將中學會考課程稍為加深和調整，學校採用中六課本或由教師自編的教材，沒有指定羅香林、錢穆的著作為參考書，所以中文中學的學生，反而要進入香港中文大學後，才讀錢穆的書。《國史大綱》原是大學用書，新亞書院的「中國通史」科將其指定為課本是合適的。「高級程度會考」列《國史大綱》為參考書，顯然過於深奧，學生大多只是在考試時引述幾句，表示讀過錢穆的書而已。羅香林的《中國通史》不太適合用來考試，所以當時傅樂成編著的《中國通史》上、下冊（台北：大中國圖書公司，1960 年）反而大行其道。入了大學之後，大家就少提此書了。

　　《中國歷代政治得失》一書，因應試學生喜歡用來作為中國政治制度史的參考，極為暢銷，蘇慶彬告知錢穆此書已被書局翻印，錢穆回答說：「有人翻版，有人愛讀此書，是一件好事，收不到版權費，也就算了。」錢穆對自己著作的版權受損，處之泰然，只要有利於學子，失去版稅亦不以為意。[12] 他對窮學生的關心，大抵亦於此可見。

---

12 蘇慶彬著《七十雜憶——從香港淪陷到新亞書院的歲月》，頁 315。

第二章

新亞書院：
創辦經過和教育理念

亞洲文商學院的創立

1945 年 8 月中旬，日本戰敗投降，但抗戰勝利後，中國的境況在一時之間未能得以改善。其後爆發國共內戰，國人在動亂中顛沛流離，東奔西走，至 1949 年始大局底定。這年春天，錢穆與江南大學同事唐君毅應廣州私立華僑大學教授之聘，由上海同赴廣州。同年秋天，隨學校赴香港。當時他已五十五歲，自此展開了人生的另一個階段，在香港繼續他的學術研究，並且成就了由他主導的教育事業。

二十世紀初，香港在英國人管治下，只有一所香港大學。私人興辦的高等院校，一律不得稱為「大學」。1949 年 10 月，張其昀提出創辦亞洲文商學院（夜校），邀約錢穆參加，又邀得謝幼偉、崔書琴等為學校辦理在香港成立事宜，以錢穆為院長，崔書琴為教務長。

此處需要交代一下幾位創校人物的略歷。倡辦人張其昀（1901-1985），字曉峰，浙江鄞縣人，國立南京高等師範學校史地部畢業，是地理學家，亦擅長史學。1927 年起任教於國立中央大學，1936年任國立浙江大學教授，兼史地系系主任、史地研究所所長，後兼文學院院長；1949 年去台灣，1962 年創辦私立中國文化書院（中國文化大學前身），1970 年創辦華崗學園、中華學術院。他認為，「融貫新舊，溝通文質，乃為中國大學的新理想」。著有《中國民族志》、《中國經濟地理》、《中國區域志》、《中國軍事史略》、《中華五千年史》等。[1]

謝幼偉（1905-1976），字佐禹，廣東梅縣人。東吳大學畢業，美國哈佛大學碩士，1946 年任浙江大學哲學系系主任。1949 年來港，參與創辦亞洲文商學院，後赴印尼、中國台灣辦報。1959 年至 1970 年，擔任新亞研究所教務長；1969 年任新亞書院哲學系系主任，主要講授西洋哲學史。著有《西洋哲學史》、《中西哲學論文集》、《哲學概論》、《現代哲學名著述評》等。[2] 他的另一個研究領域是倫理學，著有《倫理學大綱》、《當代倫理學說》等。

崔書琴（1906-1957），祖籍河北故城，生於天津，南開大學畢業，留學美國哈佛大學，修讀政治學，獲碩士及博士學位。1938 年

---

1 〈張其昀〉條，載周川主編《中國近現代高等教育人物辭典》（福州：福建教育出版社，2012 年），頁 324-325。

2 盧達生〈謝幼偉先生〉，載黃浩潮主編《珍重・傳承・開創：〈新亞生活〉論學文選》上卷（香港：商務印書館〔香港〕有限公司，2019 年），頁 112。

任國立西南聯合大學政治學系教授，1946 年任國立北京大學政治學系教授；1949 年參與創辦亞洲文商學院，次年赴台灣。著有《國際法》、《三民主義新論》、《條約論》等。[3]

據錢穆憶述，1949 年春，他在廣州街頭遇老友張其昀，表示他擬去香港辦一學校，邀錢穆參加。錢穆答謂「此次來廣州，本無先定計劃，決當追隨，可即以今日一言為定」。謝幼偉、崔書琴進行創辦學校事宜，謝幼偉忽得印尼某報館聘為總主筆，所以亞洲文商學院開學，實由錢穆與崔書琴二人籌劃。[4]

錢穆邀請張丕介兼教經濟課，唐君毅任教哲學課。其初租用九龍佐敦偉晴街華南中學三樓三個課室作為臨時校舍，又在附近炮台街租用一房屋作為學生宿舍。錢穆、唐君毅二人輪番在宿舍與諸生同宿。每晚上課三小時，開設課程都是一些共同必修科，計有錢穆的「中國通史」、唐君毅的「哲學概論」、張丕介的「經濟學」、崔書琴的「政治學」，還有劉尚義教國文、夏天翼教英文等。

唐君毅（1909-1978），四川宜賓人，南京中央大學哲學系畢業，初時留校任助教、講師，其後歷任四川大學、華西大學、中央大學、江南大學等校教授。著有《中西哲學思想之比較論文集》、《道德自我之建立》、《人生之體驗》等。1949 年與錢穆經廣州來港，協助錢穆籌辦新亞書院。

3　〈崔書琴〉條，載周川主編《中國近現代高等教育人物辭典》，頁 573。

4　錢穆〈新亞書院創辦簡史〉，載錢穆著《新亞遺鐸》（北京：生活・讀書・新知三聯書店，2004 年），頁 648。

　　張丕介（1905-1970），字聖和，山東館陶人，德國福萊堡大學經濟學博士。曾參與創辦西北農學院，任教授及經濟系系主任。著有《土地經濟學導論》、《經濟地理學導論》、《墾殖政策》等。張丕介是錢穆在廣州認識的，當時在港主編《民主評論》，錢穆於是請他兼任經濟方面的課務。[5]

　　亞洲文商學院開學後，張丕介在重慶大學的舊同事羅夢冊，唐君毅的舊友程兆熊先後來港，亦被聘入校任教。不久程兆熊離港，在台灣代招學生，得學生約二十人來港讀書，連同已入學的學生，總共有六十人左右。未幾羅夢冊應邀主持一份雜誌，辭去學院職務。錢穆說，他在抗戰時赴重慶，曾與羅夢冊有一席之談話，至是亦成為亞洲文商學院的同事。[6]

　　羅夢冊（1906-1991），河南南召人，河南大學畢業，國立北平師範大學教育碩士，留學英國倫敦大學，研究法律學及中外法制史。先後在國立政治大學、重慶中央大學任教，1945年任河南大學法學院院長。他在新亞書院任教「中國社會史」等科目。[7]

　　程兆熊（1907-2001），江西貴溪人，早年治農學，畢業於法國凡爾賽園藝學院，並獲巴黎大學博士學位。抗戰勝利後，程兆熊在鵝湖書院舊址創辦江西信江農專，得唐君毅支持。他對中國哲學、

<hr />

5　同上注，頁650。

6　同上注。

7　周佳榮〈羅夢冊教授〉，載黃浩潮主編《珍重‧傳承‧開創：〈新亞生活〉論學文選》上卷，頁218。

佛學，亦鑽研甚深，1950年初，在桂林街新亞書院任教中國哲學課程兩年。其後出任台灣中興大學農學院園藝系系主任，至1959年卸任。1963年復返新亞書院中文系任教，直至退休。除專著《中國庭園的建築》外，並有《詩經講義》、《莊子講義》、《論語講義》、《孟子講義》等多種著作。**8**

改組為新亞書院

錢穆在港認識的人之中，王岳峰是一位上海建築企業家，很支持錢穆的辦學理想，於是出資相助。先是在香港島英皇道海角公寓租賃數室，安頓由台來港的學生，供居住之用，並作為講堂。1950年春，租賃九龍深水埗桂林街63號及65號三樓和四樓作為校舍，共約兩千平方呎，於是改夜校為日校，並向香港教育司立案，改為新亞書院。大律師趙冰任董事長及法律顧問，錢穆仍任院長，唐君毅任教務長，張丕介任總務長。改組後的新亞書院，於1950年3月1日開學。

趙冰（1892-1964），字蔚文，廣東新會人。留學美國、英國，倫敦大學哲學博士、牛津大學民律博士，曾任國立廣西大學、湖南大學、政治大學及私立華僑大學教授。

王岳峰是錢穆在香港新認識的上海商人，對辦學一事願盡力相

8　黃浩潮〈程兆熊教授〉，載黃浩潮主編《珍重・傳承・開創：〈新亞生活〉論學文選》上卷，頁198。

助。1950 年春，即亞洲文商學院開辦的第二個學期，錢穆與唐君毅等日間赴香港上課，夜間則仍在九龍上課。當時錢、唐二人暫住九龍新界沙田僑大宿舍，輪番到炮台街宿舍與諸生同屋。

改名為新亞書院後，遷至九龍貧民區中新闢的桂林街，一排皆四層樓，書院佔其三單位中的三、四兩層，每單位每層約三百尺左右。三樓三個單位中，一單位是學生宿舍；另外兩個單位各間隔成前後兩間，共為四間。前屋兩間向南，各附有一陽台，分別由張丕介夫婦、唐君毅夫婦居住；張丕介後屋一間，錢穆居住；唐君毅後屋一間，是辦公室兼張、唐兩家的膳堂。四樓三單位，則間隔成兩大兩小教室共四間。羅夢冊夫婦，由王岳峰另賃屋居住。[9]

此外，吳俊升亦到新亞任課約一年；又介紹同事任泰（東伯）到校任英語課，他曾任西方某團體英譯漢書事。劉百閔、羅香林皆錢穆舊識，亦來任課，張維翰（蒓漚）與錢穆在滇相識，願義務教國文課，梁寒操為新相識，亦任教國文課。衛挺生在港再晤，到校任經濟方面的課務；在重慶相識的陳伯莊，亦到校任社會學方面的課務。

程兆熊因書院無法為他安排住處，乃舉家住沙田郊區，他為節省交通費，每日長途徒步往返十數里。在中國金融界頗負盛名的楊汝梅，是錢穆新識，亦邀他到校任教。新亞書院的教授陣容，一時無兩，亦因此受香港教育司的重視，於新亞特多通融，有所要求皆

9　錢穆〈新亞書院創辦簡史〉，載《新亞遺鐸》，頁 651。

獲接納，甚少為難。

趙冰為董事後，亦到書院任課。其人家境清寒，不僅為律師業務中所少有，亦為知識分子中所稀見。他專為學校法律上的保護人，而不負擔學校經濟方面的責任。

創辦《新亞校刊》

1952 年 6 月 1 日出版的《新亞校刊》創刊號上，有唐君毅〈我所了解之新亞精神〉一文指出：「新亞二字即新亞洲。亞洲之範圍比世界小而比中國大。亞洲之概念可說是世界之概念與中國之概念間之一中間的概念。而新亞書院講學的精神，亦正是一方要照顧中國的國情，一方要照顧世界學術文化的潮流。新亞書院的同人，正是要在中國的國情與世界學術文化的潮流中間，嘗試建立一教育文化的理想而加以實踐。」他又強調：「我們相信只有當最古老的亞洲古老中國獲得新生，中國得救，亞洲得救，而後世界人類才真正能得救。中國文化之一貫精神，是生心動念，皆從全體人類著眼。……世界上此時亦唯有包括中國在內之古老的亞洲，最迫切的需要新生。這當是新亞定名之本義。而為新亞師生願與一切中國人，一切亞洲人，共抱之一遙遠的志願之所在。」[10]

10　唐君毅〈我所了解之新亞精神〉，原載《新亞校刊》創刊號（1952 年 6 月 1 日）；收入張學明、何碧琪主編《誠明奮進 —— 新亞精神通識資料選輯》（香港：商務印書館〔香港〕有限公司，2019 年），頁 16。

　　張丕介亦在《新亞校刊》創刊號上，發表了一篇題為〈武訓精神〉的文章。文中首先記述亞洲文商學院開幕時的情景，錢穆向五六位新聘教授和三十幾個新生宣佈學院成立，力言「文化教育是社會事業，是國家民族歷史文化的生命。大學教育是有其歷史傳統的，不能隨便抄襲別人家的制度。中國的傳統教育制度最好的莫過於書院制度。私人講學，培養通才，是我們傳統教育中最值得保存的先例。中國人應真正了解中國文化，養成自家適用的建設人才」。[11]

　　張丕介又以「武訓精神」為言。他幼年曾在武訓義學就讀，眼見亞洲文商學院艱難創立的經過，使他更明白此一文化事業的特殊精神，而文化使命卻是異常重大的。為了共同的理想，參加了這個不名一文和毫無憑藉的文化事業，不但要義務教課，還要肩負以後發展的重任。「為文化理想而學問，為社會進步而服務，這一偉大高尚的精神，鑄成了每一新亞學生人格的一部分。」[12]回顧創校之後面臨的困頓，印證新亞奮鬥的情形，使他相信，新亞的前途完全寄託於此一精神的實踐。

　　在《新亞校刊》第二期（1953 年 3 月 1 日）中，錢穆的〈理想不能沒有憂與困 —— 告新亞同學們〉，提到「我們新亞教育的理想，一向標榜說，是一種『人文主義』的教育之理想。人文主義也正面對人生的種種憂與困而來」。他在第四期（1954 年 2 月 25 日）

11　張丕介〈武訓精神〉，原載《新亞校刊》創刊號（1952 年 6 月 1 日）；收入張學明、何碧琪主編《誠明奮進 —— 新亞精神通識資料選輯》，頁 20-21。

12　同上註，頁 23。

發表〈新亞精神〉一文，認為「我們覺得像有這一番精神是對的；而我們苦於說不出這一番精神究竟是什麼，這也是對的。我們只能在我們內心，覺得有這麼一回事，便夠了。」[13] 他進而指出：「新亞的經濟，是如此般困乏；設備，是如此般簡陋；規模，是如此般狹小：⋯⋯ 但我們並不會為這些短了氣。我們卻想憑藉這一切可憐的物質條件來表現出我們對教育文化的一整套理想。這便見是我們新亞的精神了。」[14] 新亞精神不僅僅是一種吃苦奮鬥的精神，更是要把這種精神用於有價值的地方，同學們要反問自己來到這所艱苦學校的動機和理想，在此一精神下不斷努力求上進。

《新亞學規》的內容

書院教育的特色之一，是訂定學規作為師生守則。《新亞學規》共有二十四條，以備諸生隨時誦覽和就事研究。首三條是最重要的：

> 一、求學與做人，貴能齊頭並進，更貴能融通合一。
>
> 二、做人的最高基礎在求學，求學之最高旨趣在做人。

13　錢穆〈新亞精神〉，原載《新亞校刊》第四期（1954 年 2 月 25 日），收入張學明、何碧琪主編《誠明奮進 ── 新亞精神通識資料選輯》，頁 31-34。

14　錢穆〈理想不能沒有憂與困 ── 告新亞同學們〉，原載《新亞校刊》第二期（1953 年 3 月 1 日）；收入張學明、何碧琪主編《誠明奮進 ── 新亞精神通識資料選輯》，頁 28-30。

　　三、愛家庭、愛師友、愛國家、愛民族、愛人類，為求學做人之中心基點。對人類文化有了解，對社會事業有貢獻，為求學做人之嚮往目標。[15]

　　接著的幾條學規，是關於職業、學業、志趣和理想的守則。第十三條強調師長在書院教育的重要性：「課程學分是死的、分裂的，師長人格是活的，完整的。你應該轉移自己目光，不要儘注意一門門的課程，應該先注意一個個的師長。」第十四條指出新亞書院的教育精神：「中國宋代的書院教育是人物中心的，現代的大學教育是課程中心的。我們的書院精神是以各門課程來完成人物中心的，是以人物中心來傳授各門課程的。」學規的制訂，在香港高等院校中是獨具特色的。第二十四條是總結，全文如下：「學校的規則是你們意志的表現，學校的風氣是你們性情之流露，學校的全部生活與一切精神是你們學業與事業之開始。敬愛你的學校，敬愛你的師長，敬愛你的學業，敬愛你的人格。憑你的學業與人格來貢獻於你敬愛的國家與民族，來貢獻於你敬愛的人類與文化。」[16]

　　歷來談新亞精神的人很多，談《新亞校歌》的人也不少，相對來說，《新亞學規》則每每為人所忽略。其實三者是一體互通的，共同塑造了一批「新亞人」的氣質。今日看來，《新亞學規》仍不失為大學生應具備的信念和守則。

15　錢穆〈新亞學規〉，載《新亞遺鐸》，頁 3。

16　同上注，頁 5-6。

第三章

桂林街時代：
堅毅的新亞精神

動人心弦的校歌

1950 年春至 1956 年夏，是新亞書院的桂林街時代；在創校兩三年間，「新亞精神」已逐漸形成。在物質條件匱乏的情況下，精神較為激昂。《新亞學規》是新亞精神的說明，錢穆作詞的《新亞校歌》是這一精神的讚許。校歌第一段是：

> 山巖巖，海深深，地博厚，天高明。人之尊，心之靈，廣大出胸襟，悠久見生成。珍重珍重，這是我新亞精神！珍重珍重，這是我新亞精神！

校歌沒有明言香港，不過香港的山到處都是花崗巖（1950 年代錢穆來港曾住鑽石山），維多利亞港是世界上最深的海港之一，新亞創立的環境已具體描述了。人於天地之中，要有尊嚴與心靈，

始能養成廣闊胸襟、悠久始見生成，這就是新亞精神，不可掉以輕心，必須珍而重之。校歌第二段：

> 十萬里上下四方，俯仰錦繡；五千載今來古往，一片光明。五萬萬神明子孫，東海西海南海北海有聖人。珍重珍重，這是我新亞精神！珍重珍重，這是我新亞精神！

歌詞稱頌中國錦繡河山和悠久歷史，鼓舞一批熱愛中國文化的青年努力向上，是辦學的理念和宗旨，期望師生珍而重之。錢穆走遍大江南北，愛國之情溢於言表。第三段最能反映錢穆和他那代人的經歷與心聲：

> 手空空，無一物，路遙遙，無止境。亂離中，流浪裏，餓我體膚勞我精。艱險我奮進，困乏我多情，千斤擔子兩肩挑，趁青春，結隊向前行。珍重珍重，這是我新亞精神！珍重珍重，這是我新亞精神！ [1]

面對重重困難，而仍充滿理想，師生互相扶持，結隊前行。這在桂林街時期，最能動人心弦。據孫國棟憶述，曾經有一位同學問：「校歌第二節『十萬里上下四方俯仰錦繡；五千載今來古往一

1　錢穆〈校歌手稿〉撰於 1953 年 7 月，第二段「五萬萬神明子孫」一句，後來改為「十萬萬神明子孫」。每段後面，「珍重珍重，這是我新亞精神！」歌唱時，重複再唱一遍。

片光明。」中國歷史上暴惡的政治與殘賊的人不少，這兩句話是否
有點溢美。」錢穆笑笑說：

> 這不是你一個人心中的問題，是大多數時代青年心中的
> 疑問，你今日提出來問，很好。這是個人與群體之不同。從個
> 人看，每人都可能有些自私邪惡的念頭，但是從群體看，群體
> 人人心中，總是希望社會進步，人人安寧快樂的，這點非常重
> 要。這是歷史文化的光明處，它具有強大的力量，所以社會儘
> 管有種種罪惡，而社會仍然在進步。能認取這點光明，人才是
> 樂觀的，對文化有信心的。從這點去認識，才可以了解校歌這
> 兩句。新亞的師生，不僅要有此信心，還要強化這信心，使社
> 會進化更有力量。[2]

歇了一會，錢穆又說：「近代的知識分子常錯誤地把社會上的
陋俗觀念視為中國文化的傳統，殊不知中國文化的大傳統在先秦時
已凝結成一種理性的文化，確認仁愛正義的道德價值，現代一般知
識分子忘記了此中國文化的大傳統，而以社會的陋俗為中國文化的
傳統，可說是一種罪惡性的錯誤。他們又喜歡作文化的反思，文化
的反思是對的。但反思必應兩方面：一方面檢討文化的弱點而加以
改造；另一方面必須檢討文化的強處而加以發揚。一個長久生存的

---

2 孫國棟〈師門雜憶〉，載《誠明古道照顏色 —— 新亞書院 55 周年紀念文集》（香港：香港中文大學新亞書院，2006 年），頁 76。

民族，它的民族文化必然帶有該民族賴以生存的力量，因為一個長
久生存的民族，他必然經歷了不少艱難同時又克服了不少艱難，
他的民族文化必然吸收了不少能克服艱難的精神，這是非常珍貴
的。」[3]

至於同學們口頭喜歡說到的「新亞精神」究竟是什麼？錢穆指
出，新亞精神「非僅僅指的是吃苦奮鬥那一事」；新亞的同學們，
「該更深一層地來了解我們所以要創辦這一所苦學校的宗旨與目
的！」他希望同學們在此一精神下，不斷努力地上進。[4]

創校初期的學系

新亞書院初時設立文史、哲教、經濟、商學、新聞社會、農學
六系。農學系在第一年開設後，由於沒有附屬農場，中途停辦；新
聞社會系因校舍不敷使用，亦停辦。錢穆兼文史系系主任，唐君毅
兼哲教系系主任，張丕介兼經濟學系系主任，楊汝梅任商學系系主
任。實際上是四個系。

楊汝梅（1899-1985），河北磁縣人，北京交通大學畢業，美
國密歇根大學博士，歷任上海、暨南、光華、齊魯、滬江等大學教

3　同上注。

4　錢穆〈新亞精神〉，原載《新亞校刊》第四期（1954年2月25日），收入張學明、何碧
　　琪主編《誠明奮進——新亞精神通識資料選輯》，頁34。

授。[5]1949 年來港，次年起任教於新亞書院，後為商學院院長，並任會計長等職；香港中文大學成立後，擔任商學院院長。其後轉到香港浸會學院，任商學院院長。他是中國四位著名會計專家之一，對中國會計事業有重大貢獻。從新亞到中大以至香港浸會學院，他為香港的商科教育作出了多年的努力。

錢穆兼文史系系主任至 1955 年，因院長職務繁忙不能兼顧，改由牟潤孫出掌。文史系在當時四個學系之中規模最大，下分中文、外文、中史、外史四組，系內學生可按自己的才性和興趣，選擇修習的組別。[6] 其後新亞書院的文學院，就是在中文、英文、歷史、哲學加上藝術五個課程的基礎上發展起來的。

歷史組開辦的科目，各組共通的包括「各體文選」、「英文」、「哲學概論」、「政治學」、「經濟學」、「社會學」、「理則學」、「倫理學」、「人生哲學」、「國學概論」等；歷史本科，計有「中國通史」、「西洋通史」、「中國學術思想史」、「中國文化史」、「西洋哲學文化思想史」、「西洋近代政治史」、「秦漢史」、「中國政治史」等。

錢穆在系中開設的科目，有「中國文化史」、「中國社會經濟史」、「中國通史」等。師從錢穆多年的葉龍，習慣把錢穆在課堂講學的內容輯錄成筆記，編成幾本專書，包括《錢穆講學粹語錄》（2013 年）、《錢穆講中國經濟史》（2013 年）、《錢穆講中國文學史》

5　錢穆〈新亞書院沿革旨趣與概況〉，載《新亞遺鐸》，頁 18。

6　同上注，頁 15。

（2015 年）、《錢穆講中國社會經濟史》（2016 年）、《錢穆講中國通史》（2017 年），均由香港商務印書館出版。印成簡體字版的，有《中國社會經濟史講稿》（北京：北京聯合出版公司，2016 年）。葉龍是新亞研究所 1959 年第三屆碩士班畢業的，論文題目是〈孟荀教育思想及其比較研究〉，後任能仁書院校長及文史哲研究所所長。

文史系的兼任學者

在桂林街時期，有幾位學者曾在新亞書院文史系兼任。最早一位是羅香林（1906-1978），廣東興寧人，北京清華大學畢業，任教中山大學，1949 年四十三歲時移居香港，曾在多家大專院校任教。1950 年在新亞書院教「中國經濟史」，次年起受聘於香港大學中文系，歷任教授、系主任、講座教授及東方文化研究院院長，退休後擔任珠海書院中國文史研究所所長。[7] 羅氏著作甚豐，於客家研究、孫中山研究、中外交通史等方面均負盛名，《一八四二年以前之香港及其對外交通》（香港：中國學社，1959 年）、《香港與中西文化之交流》（香港：中國學社，1963 年）等專書奠下了香港史研究的基礎。

1954 年至 1958 年間，何格恩在新亞書院文史系兼任，講授科目，計有「隋唐五代史」、「宋遼金元史」、「明清史」及「中國

7　趙令揚〈羅香林教授〉，載《聯大歷史學刊》創刊號（1988 年），頁 3-12。

交通史」。何格恩畢業於廣州嶺南大學，曾在母校任教，來港後與余景山合編一套《中國語文》，是中學用的教科書。余協中（1898-1983），曾執教於南開大學和河南大學。由 1954 年起，至 1956 年，在系中兼教西洋史，包括「西洋現代史」、「西洋通史」和「英國史」。余協中的兒子余英時是新亞書院第一屆畢業生（1952）。左舜生（1893-1969）也曾在新亞書院文史系、歷史系兼課，由 1955 年至 1962 年，任教「中國現代史」和「中國近代史」。著有《中國近代史四講》、《黃興評傳》等。

在困難中堅持辦學

　　新亞書院開學兩個月後，王岳峰的企業受到致命打擊，無法繼續支持新亞，書院頓時陷入困難。當時學費所得只佔總開支的五分之一，無法應付書院經費，教師暫緩領取薪酬，錢穆到台灣募捐，1952 年在淡江英語專科學校演講時，屋頂塌下大塊水泥，擊中他的頭部，須在台灣留醫休養數月。張丕介、唐君毅等人則勤於撰稿，以稿費資助書院；張丕介還把他夫人的首飾典當，用來支持新亞。

　　當時新亞書院的學生多是內地來港青年，除註冊生外，還有試讀生和旁聽生，書院為照顧學生，或減免學費，或找醫生治療病者；又創行工讀制，學生在校中負責雜務，可獲少許津貼，及在學校食宿。有些學生在學校天台上露宿。晚間或蜷臥在三、四樓的樓梯上。

　　參加書院的學者，除上述各人外，還有教育家吳俊升、詩人

曾克耑，甲骨文專家董作賓、文學家夏濟安、國學家饒宗頤、劉百閔、梁寒操等。他們或短期講學，領取月薪的，由港幣八十元至二百元不等，甚至比小學教師更低。不過，新亞書院的教授陣容和辦學理想，引起當時香港政府的注意，教育司司長高詩雅（D. J. S. Crozier）有一日親自到校巡視，見三、四樓的梯間有一塊牌匾，上面寫著「新亞書院大學部」，即囑移去不要懸掛，因為香港只有一間大學。[8]

當時在香港大學負責中文課務的賀光中，曾多次訪錢穆，請他到港大兼課，錢穆拒絕，介紹羅香林到港大，羅香林遂受聘為兼任講師。1951 年夏，英國學者林仰山（F.S.Drake, 1892-1974）擔任香港大學中文系系主任，亦邀錢穆前往任教，錢穆答以新亞書院仍在困難之中，不能離開。新亞同仁羅香林、劉伯閔皆被港大改聘為專任，錢穆則獲港大頒授榮譽博士學位。

劉百閔（1898-1968），浙江黃岩人，畢業於日本法政大學，研究中國政治學和日本政治制度；亦是著名的經學家，抗戰時期曾在四川樂山創辦復興書院，任總幹事。1953 年起，在香港大學中文系任教至 1967 年。著有《孔門五論》、《周易事例通論》等。[9]

新亞同學於 1951 年秋創辦新亞夜校，由列航飛註冊為校監，由有興趣的新亞同學義務教學，每個學期互相推選校長。收生約

---

8 錢穆〈新亞書院創辦簡史〉，載《新亞遺鐸》，頁 651-654。

9 徐友春主編《民國人物大辭典》增訂版下（石家莊：河北人民出版社，2007 年），頁 2454。

七八十人，每人每月學費二元、三元不等。1953 年列航飛畢業後，於 1962 年創辦華夏書院，是私立專上院校，任校長。在艱難的辦學條件下，堅持了幾十年。

　　1952 年初，香港政府頒佈商業登記條例，勒令港九所有私立學校，必須到工商署辦理「有限公司」商業登記。錢穆認為如要作商業登記，書院寧可不辦，董事長趙冰向香港政府爭取豁免，經過近一年的努力，終於 1953 年 7 月 7 日成功，香港政府准許新亞書院可免於在工商署作商業登記。可以說，新亞書院是香港第一所獲承認為不牟利的私立學校。**10**

努力爭取辦學成績

　　由 1950 年秋至 1956 年冬，通常在星期日（有時也在星期六）晚上七至九時，桂林街校舍先後舉行了一百四十六次公開的文化講座，由唐君毅主其事，講者包括錢穆、唐君毅、張丕介、印順法師、董作賓、夏濟安、左舜生、饒宗頤、林仰山、謝扶雅等，還有一些西方學者。每次聽講者，四十人至八十人不等。新亞同學舉辦的同學演講會，1950 年至 1953 年共有七十六次。

　　錢穆憶述，舉行講座時，校外來聽講座的人亦多，每每滿座，有六十至八十人左右，校內學生則擠立牆角旁聽。有一個老人家，

---

10 〈新亞簡史〉，載張學明、何碧琪主編《誠明奮進 —— 新亞精神通識資料選輯》，頁 353。

每講必至，散會之後，仍留三樓辦公室閒談。此人是沈燕謀（1891-
1971），他祖籍江蘇南通，在美國學化學，回國後協助狀元實業家張
謇（季直）在上海辦工廠。以其餘暇閱覽古籍，為著名藏書家。交
談既熟，遂成至友。錢穆說：「蓋余等之在此辦學，既不為名，亦
不為利，羈旅餘生，亦求以文會友，以友輔仁之意。此講會能對社
會得何成效，亦所不計。」[11] 沈燕謀在 1951 年 6 月 28 日的日記中，
詳記其事如下：

> 晚間至深水埗桂林街新亞書院，聽錢賓四教授（穆）演講
> 陽明哲學，歷兩小時，語不繁碎而說至精到。往時讀其《先秦
> 諸子繫年》及《近三百年學術史》，殊服其造詣之深，今晚講
> 罷，晉謁於治事之所，晤談片刻，知其為學人也。臨別且舉近
> 著《中國社會演變》及《中國智識份子》兩小冊為贈。新秋學
> 校復業，會當以旁聽生名義，排日前往暢聆其議論焉。[12]

沈燕謀年長於錢穆，而仍恭執弟子之禮，二人亦師亦友，在教
育推廣及文化傳承的工作上互相扶持。新亞書院遷址農圃道，由選
址、申請、設計以至啟辦，沈燕謀出力甚多。又以校董兼新亞圖書

11　錢穆〈新亞書院創辦簡史〉，載《新亞遺鐸》，頁 654。
12　朱少璋主編《沈燕謀日記節鈔及其他》，頁 60。1951 年 9 月 11 日，沈燕謀往訪錢穆，
　　請他於新秋開學之時，授「莊子」、「史記」及「中國文化史」三課，每週各兩小時，沈
　　燕謀到校為旁聽生，納聽講費七十二元。當時錢穆新注《莊子》已成書，「書局以此類書
　　籍，不便於近時行銷，拒不承印」，沈燕謀即許出私資付刊，以觀其成。（頁 64）

館館長的身份，為館方搜購大量書籍。[13]

《新亞校歌》由錢穆作詞，黃友棣譜曲，1953 年 7 月 11 日，在第二屆畢業典禮上正式使用。《新亞校刊》第一期於 1952 年 6 月 1 日出版，由當時仍是學生的唐端正編印，至 1957 年共出了九期。唐端正是新亞研究所碩士班第一屆畢業生，其後在新亞書院哲學系任教至退休。《新亞學報》（年刊）於 1955 年 6 月 30 日創刊，持續出版至今，刊登師生著作甚多，是國際聞名的學術期刊。

1953 年初夏，美國耶魯大學歷史系系主任盧鼎（Harry Rudin）教授來港，受耶魯大學雅禮協會之託，在港台地區及菲律賓等地選擇資助對象。盧鼎與錢穆見面後，雅禮協會決定資助新亞書院每年二萬五千美元。其後得美國福特基金捐款，為新亞書院興建校舍。1956 年 1 月 17 日，新亞書院農圃道第一期新校舍舉行奠基典禮，典禮由港督葛量洪（Sir Alexander William George Herde Grantham, 1899-1978）主持，第一期新校舍於 1956 年暑期後落成啟用。[14]

桂林街公眾休憩公園

2006 年，市區重建局決定拆卸桂林街遺址，重新發展。在新亞書院校董、師生及校友共同要求下，市區重建局允諾在原址附近興

13　朱少璋〈前言：為沈燕謀先生編書始末〉，載氏編《沈燕謀日記節鈔及其他》，頁 ii。
14　錢穆〈新亞書院創辦簡史〉，載《新亞遺鐸》，頁 660-665。

建「桂林街公眾休憩公園」，內分「啟思徑」、「勤修園」、「學習之路」和「沉思園」四個部分，內含多件與新亞書院有關的展品。

公眾休憩空間的外圍，有饒宗頤題字的「新亞舊址」牌匾；休憩空間內，有一道以校訓「誠明」二字為主體的水牆；水牆前面的紀念碑，刻上新亞校徽。另外有一道牌匾佇立其中，上面刻有錢穆的校歌手稿；以及一幅歷史紀念石牆，刻有第一屆畢業生余英時撰寫的紀念辭和銘文。

4月17日舉行竣工儀式，並以「傳承新亞文化」為主題，由市區重建局主席蘇慶和、深水埗區議會主席郭振華、新亞書院校董會主席梁英偉主持揭幕禮，梁英偉致辭並答謝市區重建局的鼎力支持，使書院同仁、校友及市民大眾，都能在這休憩空間緬懷和見證當年創校先賢們艱辛奮鬥的歷程。[15]

蘇慶彬說，桂林街校舍結束那天，他是最後一個留宿的學生，他在樓梯轉角處，把錢穆書寫「新亞書院大學部」的一塊木板除下，叮囑校工，說這是新亞校史上最有價值的歷史文物，請他好好存放在新校舍。

蘇慶彬為《新亞校刊》印刷費向各董事、老師募捐時，第一次見王岳峰，但他捐得很少，後來才知道當時正值他生意失敗，在沖繩投資建築機場失誤以致破產，連長年跟著他的一位家庭廚師臧師傅，也要委託錢穆代為照顧。其後錢穆安排臧師傅在農圃道主理

---

15 〈桂林街公眾休憩公園〉，載《新亞書院簡訊》第七期（2015年9月），頁1-20。

學生膳食部的工作，可見王岳峰是頗重情義的。蘇慶彬強調：「沒有桂林街的校舍，也許沒有今日的新亞；沒有王岳峰先生的資助，也許沒有桂林街的校舍，桂林街校舍和王岳峰先生的名字應連在一起。」[16] 資助教育事業之心可銘，為時雖暫，情非得已，這就是中國人所說的飲水思源。

16　蘇慶彬著《七十雜憶 —— 從香港淪陷到新亞書院的歲月》，頁 204-205。

第四章

人文教育：
創校初期樹立的宗旨

辦學宗旨和收生要求

　　新亞書院創立之始，其旨趣上承宋明時代的書院，即私人講授高級學術的學校，不同於西方教育制度下的專科學校。在該校招生簡章的序言中，有以下的概括說明：

　　　　上溯宋明書院講學精神，旁採西歐大學導師制度，以人文主義之教育宗旨溝通世界東西文化，為人類和平、社會幸福謀前途。本此旨趣，一切教育方針，務使學者切實了知為學、做人同屬一事。

　　序言又指出：「在私的方面，應知一切學問知識，全以如何對國家社會、人類前途有切實之貢獻為目標。」進而強調：「惟有人文主義的教育，可以藥近來教育風氣專門為謀個人職業而求智識，

以及博士式、學究式的為智識而求智識之狹義的目標之流弊。」[1]

　　新亞書院當時開辦的課程，「主在先重通識，再求專長」，務使學者真切認識自己專門所長在整個學術、整個人生中的地位和意義，「以藥近來大學教育嚴格分院分系分科，直綫上進，各不相關，支離破碎之流弊。」教學方面，則側重訓練學生的自學精神和方法，書院除了開設課程外，採用導師制，為學生作親切之指導，不致師生隔膜。「本院竊願以發揚中國傳統的人文主義精神與和平思想為己任，並領導青年學生循此正規以達救己救世之目標。」尤為值得注意的，是新亞書院既立足於香港，就應發揮本地社會所具備的條件，把書院教育辦得更有效、更成功：

> 香港在地理上與文化上皆為東西兩大文化世界之重要接觸點，亦為從事於溝通中外文化，促進中西了解之理想的教育地點。……本院竊願本此宗旨，以教育此無數純潔青年，使其既知祖國之可愛，亦知世界大同之可貴。[2]

　　開辦四年，新亞書院於 1953 年 7 月迎來第一屆畢業典禮。錢穆致辭說，第一屆新生共有八十多人，而接受證書的畢業生只有十分之一；教授方面，四年來始終其事的，只有他和唐君毅、張丕介三人，然而，在書院內授過課的教師，都把他們的人格和熱忱，以

1　錢穆〈新亞書院沿革旨趣與概況〉，載《新亞遺鐸》，頁 6。

2　同上注，頁 5-8。

及各人自身的學詣，留給受教者以不磨之影像與不斷之回憶。**3**

重建和發展人文精神

1953 年 3 月，錢穆在對新亞學生的一次講話中，勉勵學生以發揚理想來解除困難，並引述宋代范仲淹的名句：「士當先天下之憂而憂，後天下之樂而樂。」進而以學校的理想和個人的理想為言，他說：

> 我們新亞教育的理想，一向標榜說，是一種「人文主義」的教育之理想。人文主義也正面對人生的種種憂與困而來。你們此刻懷挾了自己種種的憂與困，來到這學校，這學校卻是十足地在憂與困中創造成立和掙扎前進的學校。我希望你們由於自己的憂與困，進而了解學校之憂與困，由是再進而了解社會大眾國家民族乃至世界人類之種種憂與困，這裏便是你們所該求的真學問，這裏便是你們所該有的真智識。你們有了這樣的學問與智識，你們自會有理想，你們自會有理想的人生。有了更多理想的人生，才會有理想的社會。**4**

唐君毅撰寫了大量有關人文精神的文章，1955 年，他將二十五

3　錢穆〈敬告我們這一屆的畢業同學們〉，載《新亞遺鐸》，頁 24-28。

4　錢穆〈告新亞同學們〉，載《新亞遺鐸》，頁 21-23。

篇論文輯成《人文精神之重建》一書，論述百年來中國所感受的中西文化矛盾和衝突，全書共有五個主題：（1）導論；（2）中西文化之省察；（3）中國固有人文精神之闡述；（4）和（5）探討中西社會人文精神之融通，強調中國人文精神之返本足以開新，於西方世界亦將有所貢獻。

1958 年，唐君毅又將十六篇論文輯成《中國人文精神之發展》，作為《人文精神之重建》的續編。唐君毅認為中國文化重人文精神，西方文化重科學精神，二者同是人類心靈的兩大路向；仁心是人的價值意識的根源，科學必須以仁心為主宰，這正是中國文化重視「仁」的可貴之處。[5]

論者指出，新亞取法宋明理學家籌辦書院的教育模式，了解錢穆籌辦新亞的宏願，也要注意他怎樣繼承宋明儒辦學的要旨。[6] 要探討「新亞精神」，必先由人文教育和人文精神說起。

農圃道時代歷史系畢業生陳萬雄說：「新亞書院的創辦，自有當時政治社會變動的外緣因素，已成歷史。但新亞書院之立足香港，獨樹一幟，傳播中華文化，融合中外思想，弘揚人文精神，承先啟後，流風不絕，其影響之深遠，在中國文化史上的地位，確大

5　張祥浩〈唐君毅〉，載方克立、鄭家棟主編《現代新儒家人物與著作》（天津：南開大學出版社，1995 年），頁 234-241。

6　區志堅〈非僅指的是吃苦奮鬥 —— 從《新亞校刊》看五十年代「新亞精神」的實踐〉，載鮑紹霖、黃兆強、區志堅主編《北學南移 —— 港台文史哲溯源．文化卷》（台北：秀威資訊科技股份有限公司，2015 年），頁 242。

有可述可傳的。」[7] 這一番話，同時亦表述了新亞在戰後香港高等教育史上開拓出來的新路向。

創校五年的感言

1954 年中，新亞書院的經濟情況有所改善，錢穆強調，大家應該對最近之將來有一些新的展望與打算。他說：「精神如生命，經濟如營養，⋯⋯ 營養可以外求，生命則是內在的。⋯⋯ 我們在此五年中，經濟極端困竭，依然有一個新亞書院之存在，依然有一種新亞精神之呼號。經歷了五年的苦鬥，獲得外面人同情，經濟才有一出路。可見一切事，要向理想邁進，不是可以一呵便成的。我們該以較長的時間，來完成我們較真的理想。」錢穆解釋道：

> 所謂較真的理想，是有實質、有內容、有意義、有價值的。這是一種本身內在的。這一種較真的理想，必然須在較長的奮鬥中完成而實現。換言之，這需有一段更長的進程的。所以今天學校經濟有一些辦法了，只是學校開始走上了長期奮鬥的路程，並不是說這一段奮鬥路程，因於經濟有辦法而完成了、終止了。

7　陳萬雄〈跋 —— 如是我感〉，載蘇慶彬著《七十雜憶 —— 從香港淪陷到新亞書院的歲月》，頁 344。

他又指出：

> 我常提醒大家，我們學校，不僅將教導來學者以許多的
> 知識，更要在給與來學者以一番人生之真理。學校譬如一大生
> 命，我們師生是個別的小生命，我們要在完成大生命中，來完
> 成我們各自的小生命。我們要貢獻我們各自的小生命，來完成
> 此一大生命。[8]

在一次講話中，錢穆說大家該保持優良的「校風」，同時也該
提倡優良的「學風」。「校風是指一種學校空氣言，學風則指一種學
術空氣言。」大學教育的使命，「首先應該培養一種優良的學風，
而求在學業上有創闢，有貢獻，否則大學教育便失卻了靈魂。」優
良校風的真實內容，全寄託在優良的學風上。《新亞學規》二十四
條，扼要地列舉了「新亞所想像所求達到的校風與學風之大體規模
與大體途徑」。前面還有百里千里之遠，是要大家一步一步地繼續
向前邁進的。[9]

8　錢穆〈新亞五年〉，載《新亞遺鐸》，頁 38-42。

9　錢穆〈校風與學風〉，載《新亞遺鐸》，頁 56-62。

第五章

新亞研究所：
推動中國學術文化

從籌辦到成立的經過

　　新亞書院成立後三四年間，即有籌辦研究所的構思，以求加深校內研究高深學術的風氣，並藉此培植青年，對人文學科與中國文化進行研究。在計劃綱要中，就指出「目前中國問題，已緊密成為世界問題之一環。但若昧失了中國歷史文化之固有特性而僅就世界形勢來求中國問題之解答，則不僅會阻礙中國之前進，而且將更添世界之糾紛。」相對於外界物質的支援和世界共同的呼號，中國固有歷史文化的基本意識和基本觀念之復甦，「不僅對此後新中國之建立為必要，而且對世界大同與人類和平有必然可有之貢獻。」[1]

　　1953 年秋，錢穆創辦新亞研究所，宗旨是「提供新學術，培養新人才」。研究所成立之初，在九龍太子道租用一層樓宇作為

---

[1]　錢穆〈研究所計劃綱要〉，載《新亞遺鐸》，頁 72。

所址。次年起，錢穆兼任研究所所長，至 1954 年，前後達十年之
久。參加研究所的教授，有余協中、張丕介、唐君毅三位。都是對
歷史、經濟、哲學等頗有素養的學者，就其專業各自工作。並在青
年中，選擇一些有學術興趣和研究能力的人，加以指導。1954 年，
就有四名新亞書院畢業生余英時、余時傑、唐端正、列航飛入所。[2]
據記錄，研究所未成立之先，已有四位同學從事研究，他們是唐端
正、章群、何佑森、列航飛。

早期的導師和研究生

新亞研究所正式啟動是在 1954 年 9 月，院長以下是教務長，
由張葆恆擔任（至 1959 年），他的中、英文造詣都很湛深，協助錢
穆辦理所務。導師除錢、張之外，還有唐君毅、牟潤孫兩位，後來
亦有潘重規加入。

潘重規（1908-2003），江西婺源人。1928 年就讀於南京中央
大學，師從黃侃（季剛）。畢業後任教於中央、東北、四川、上海
暨南、安徽等大學，1949 年後任台灣師範大學及新加坡南洋大學教
席。任新亞研究所導師及新亞書院中文系系主任至退休，後在中國
台灣及法國巴黎講學。治經及小學，亦以研究《紅樓夢》知名。[3] 著

2　錢穆〈校聞一束〉，載《新亞遺鐸》，頁 48。

3　鄺健行〈潘重規教授〉，載黃浩潮主編《珍重・傳承・開創：〈新亞生活〉論學文選》上
　　卷，頁 82。

有《亭林詩攷索》，由新亞研究所出版。

　　經公開招生和考試後，新亞研究所取錄了五名研究生，他們大多於 1957 年第一屆碩士班畢業，另有三名同時畢業，總計七名：（1）柯榮欣（中央大學畢業），碩士論文是〈西周政治思想〉；（2）羅球慶（新亞書院畢業），碩士論文是〈北宋兵制研究〉；（3）孫國棟（政治大學畢業），碩士論文是〈唐代三省制之發展研究〉；（4）余秉權（中山大學畢業），碩士論文是〈北宋役法制度之爭議〉；（5）何佑森，碩士論文是〈元代學術之地理分佈〉；（6）章群，碩士論文是〈論唐開元前的政治集團〉；（7）唐端正，碩士論文是〈論孟莊老荀四家思想之無為與有為〉。

　　1958 年碩士班第二屆畢業的，還有以下八位：（1）石磊（中央大學畢業），碩士論文是〈五代的兵制〉；（2）胡詠超，碩士論文是〈唐代戶婚律溯源〉；（3）楊遠，碩士論文是〈戰國時代之戰爭地理研究〉；（4）黃聲孚，碩士論文是〈唐代佛教與政治〉；（5）陳特，碩士論文是〈呂氏春秋之儒家思想〉；（6）陳啟雲，碩士論文是〈兩晉三省制度之淵源、特色及其演變〉；（7）謝廉昌，碩士論文是〈宋代火葬風俗之研究〉；（8）蘇慶彬，碩士論文是〈兩漢迄隋入居中國之蕃人研究〉。

　　從第一、二屆畢業生的論文題目看來，大多數屬於史學研究；十五人當中，很多後來任教本港和海外大學，成為著名學者，著作等身。錢穆兼任研究所所長期間，平均每年有六、七名碩士班畢業

生。（表3）[4] 1960 年開始，招收外籍研究生，在 1960 年代有十餘人，分別來自日本、比利時、英國、美國、奧地利、加拿大、韓國。

表3　新亞研究所碩士班畢業生（1957-1964 年）

屆次／年份	畢業人數	畢業生姓名
第一屆（1957）	7 人	余秉權、何佑森、孫國棟、章群、羅球慶、柯榮欣、唐端正
第二屆（1958）	8 人	石磊、胡詠超、楊遠、黃聲孚、陳特、陳啟雲、謝廉昌、蘇慶彬
第三屆（1959）	7 人	王俊儒、李杜、李明光、周卓懷、黃開華、葉龍、趙效宣
第四屆（1960）	6 人	王兆麟、胡應湖、尚重濂、金中樞、趙潛、黃鳴
第五屆（1961）	6 人	何啟民、曹仕邦、區惠本、楊啟樵、廖珍、羅炳綿
第六屆（1962）	7 人	陳紹棠、陳大敦、劉家駒、龐聖偉、鄭炯堅、辛炎德、鄺利安
第七屆（1963）	10 人	林炳昌、黃養志、李金鐘、麥仲貴、葉伯榮、逯耀東、梁中英、梁天錫、張震、黎華標
第八屆（1964）	2 人	黃漢超、莫廣銓

4　新亞研究所網頁。網址：https://newasia.org.hk。

培養一批史學人才

在錢穆的薰陶和牟潤孫的指導下，新亞研究所在 1950 年代中
至 1960 年代中，培養了一批史學人才，在中國史多個領域都有表
現。羅球慶治宋史，後任教於香港中文大學崇基學院史地系。余秉
權以編《中國史學論文引得：1902-1962 年》（香港：亞東學社，
1963 年）等書為學界所熟知，另有《中國史學論文引得續編：歐美
所見中文期刊文史哲論文綜錄》（美國：哈佛大學哈佛燕京圖書館，
1970 年）。

何佑森（1931-2008），安徽巢縣人，台灣大學中國文學系畢
業，入新亞研究所師從錢穆，專攻經史之學，畢業後任助理研究
員，復至哈佛大學進修，受業於楊聯陞。曾任新亞書院歷史系兼任
講師，後回母校台灣大學任教。著作編為《何佑森先生學術論文集》
（台北：台灣大學出版中心，2009 年），分為《儒學與思想》及《清
代學術思潮》二書。

陳啟雲，1956 年畢業於台灣師範大學，隨即入新亞研究所，師
從錢穆。曾赴哈佛大學進修，後回台灣清華大學任教。著有《陳啟
雲文集》（桂林：廣西師範大學出版社，2007 年），分為《治史體悟》
及《儒學與漢代歷史文化》兩種。

金中樞（1928-2011），新亞研究所畢業後，曾任新亞書院歷史
系兼任講師，後赴台灣成功大學歷史系任教，專研宋史。著有《宋
代的學術和制度研究》八冊（台北：稻鄉出版社，2009 年）。

楊啟樵（1931-2019），新亞研究所畢業後，赴日本京都大學進

修，專攻明清史，後來在廣島大學文學院任教。著有《揭開雍正皇帝隱秘的面紗》、《明清皇室與方術》、《明清史抉奧》等。

羅炳綿，新亞研究所畢業後，在香港浸會學院史地系任教，後轉到香港中文大學歷史系，講授「明清史」、「中國社會經濟史」等科。著有《清代學術論集》等。

錢穆要求史組研究生要選專門史和斷代史，一縱一橫，早期新亞研究所畢業生，大抵都能兩者兼備。從他們任教的科目和出版的著作，可以充分反映出來。

出版物和研究成果

錢穆兼任所長期間，新亞研究所的出版物是很可觀的。首先，是 1955 年創辦《新亞學報》（年刊），至 1964 年，已出版至第七卷（共十三期），累計近千萬字。其次，是出版研究專刊，1957 年出版了錢穆所著的《莊老通辨》，翌年出版錢穆著《兩漢經學今古文平議》、唐君毅著《人文精神之重建》及牟潤孫著《注史齋叢稿》。接著，1961 年有施之勉著《漢書補註辯證》、梅應運著《詞調與大曲》，1962 年有潘重規著《亭林詩攷索》、李書華著《中國印刷術起源》、孫鼎宸編《新亞書院文化講座錄》，此後則為東南亞研究專刊及史料專刊。

1962 年，新亞研究所成立東南亞研究室，由陳荊和主持。同年，增聘史學家嚴耕望、全漢昇和哲學家牟宗三、徐復觀為導師。研究所的陣容，至此臻於頂峰。

牟宗三（1909-1995），山東棲霞人。北京大學哲學系畢業，曾任教於成都華西大學、重慶中央大學等，1950 年應台灣師範大學之聘，1956 年轉到東海大學任教。1960 年到香港大學任教中國哲學，1968 年轉到香港中文大學新亞書院，次年接任哲學系系主任，至 1974 年退休後，續在新亞研究所任教，著作甚豐，有《道德的理想主義》、《歷史哲學》、《政道與治道》、《才性與玄理》、《心體與性體》等。

徐復觀（1904-1982），生於湖北省浠水縣。曾留學日本，回國後度過軍旅生活和政治生涯，得熊十力教誨，自此逐漸由政治轉向學術。1952 年起，先後在台灣省立農學院、私立東海大學及香港新亞研究所任教。著有《學術與政治之間》、《中國人性論史・先秦篇》、《兩漢思想史》（一至三卷）、《中國經學史的基礎》、《中國思想史論集》等。

謝幼偉從 1959 年起，擔任新亞研究所教務長至 1970 年。他在新亞研究所的學術演講討論會上，以「歷史與哲學」為題發表講話，認為歷史與哲學，皆同為對人類生活在宇宙中之意義和價值為其目的。哲學需要歷史，「因為哲學是由歷史中發展出來的，而任何哲學必有它的歷史性」；歷史需要哲學，因為「歷史不僅記載過去的事實，還要問這些事實的存在原因與理由，價值與意義。」[5]

謝幼偉的重要論文〈孝與中國文化〉載《新亞學報》第四卷第

5　謝幼偉講、麥仲貴記錄〈歷史與哲學〉，載黃浩潮主編《珍重・傳承・開創：〈新亞生活〉論學文選》上卷，頁 113-120。

一期（1959 年 8 月）。他在新亞研究所發表的專題演講，1961 年有「論道德價值」，1962 年有「論藝術價值」、「論人生價值」、「歷史與價值」、「文學與價值」，1963 年有「哲學的價值」、「論價值的種類與等級」、「論價值意識的培養」，1964 年有「論道德價值的主觀性與客觀性」，1965 年有「孝經與論語中孝道思想之比較」。[6] 新亞研究所提導文學、歷史、哲學、藝術兼容互通，於此可見一斑。

6　《香港中文大學新亞書院研究所概況》（1965 年），頁 38-39。

第六章

農圃道校舍：
新階段的奠基和開展

新校舍的啟用和擴建

　　1956 年 10 月 11 日，新亞書院農圃道新校舍正式舉行啟鑰典禮。次年 2 月，在遷入農圃道校舍的新學年，增闢藝術專修科，後於 1959 年秋正式成立藝術系。

　　新亞文商學院成立時，實際註冊學生人數為四十二人，1957 年春季遷入農圃道時，已增至二百九十二人。雅禮協會駐新亞代表羅維德（Reverend Sidney Lovett）建議增設學院，錢穆謂早有此意，遂於 1960 年先創辦數學系和生物系，一年後再增設物理系及化學系，並正式成立理學院。1960 年 11 月農圃道第二期新校舍落成，舉行典禮。在此之前，錢穆於新亞書院成立十周年，發表題為〈珍重我們的教育宗旨〉，強調：

　　　　我們是中國人，我們是為著栽培中國青年而創辦此學校。

中國文化有其五千年的悠長傳統，必有其內在寶貴之價值。我
們該使中國青年懂得愛護此傳統，懂得了解此傳統之內在價值
而能繼續加以發揚與光大。[1]

由於各方面的發展，香港社會對大學學額的要求不斷增加，
1958 年，香港政府終於接受創辦一所新大學的建議，並擬就新大
學的綱領凡二十餘條款，主動邀請新亞書院參加及給予意見。1960
年，新亞書院接受香港政府的建議，改為專上學院，參加統一文憑
考試，同時接受香港政府的補助。

籌建香港中文大學

香港政府委任富爾敦委員會研究成立香港第二所大學，富爾敦
委員會經研究後，建議成立一所聯邦制的大學，1963 年成立的香港
中文大學，就是由崇基學院、新亞書院、聯合書院三個成員學院組
成。[2]

崇基學院成立於 1951 年 10 月，基本上是由內地遷港的基督教
大專院校重組而成；1955 年經香港政府立法，成為法定組織。創校

1　錢穆〈珍重我們的教育宗旨 —— 新亞書院成立十周年紀念演講詞〉，載《新亞遺鐸》，
　　頁 188-190。

2　〈新亞簡史〉，載張學明、何碧琪主編《誠明奮進 —— 新亞精神通識資料選輯》，頁 356-
　　358。

之初，借用聖約翰大堂及聖保羅中學上課，其後遷至堅道及下亞厘畢道聖公會聖約瑟紀念堂的校舍。1956 年遷至新界馬料水現址，1959 年成為香港政府補助專上學校，1963 年成為香港中文大學三間成員學院之一，其後聯合書院和新亞書院相繼遷入沙田。

聯合書院成立於 1956 年 6 月，由廣僑、光夏、華僑、文化、平正五所專上學院合併而成，五校原為廣州及其鄰近地區的私立大學，1949 年後相繼遷到香港辦學。1962 年至 1971 年間，聯合書院校舍在港島半山區東邊街。1963 年加入香港中文大學，成為創校時三間成員學院之一。

1963 年 4 月 27 日，由香港政府全數撥款資助的農圃道第三期校舍禮堂落成。同年 10 月 17 日，香港中文大學正式宣告成立，港督柏立基爵士在香港大會堂主持成立。次年 1 月 20 日，年屆七十之齡的錢穆向新亞董事會辭職。1965 年 6 月，正式卸任新亞書院院長職務。錢穆在香港的教育事業，宣告結束。

1957 年新亞書院啟用農圃道校舍，至 1963 年香港中文大學成立，是農圃道時代前期；1963 年起，至 1973 年新亞書院遷入沙田新校址，是農圃道時代後期。由於同在一個校舍，大抵上延續了創校初年以來的學風和精神，而續有所發展，所以新亞書院的農圃道時代基本上是根脈相連的一個整體。

概括而言，桂林街時代是「新亞精神」的萌生時期；農圃道是「新亞精神」的發揚時期，而且廣泛為人所稱道；至於其後的沙田時期，是「新亞精神」的轉換時期，新亞書院不但是香港中文大學的組成部分，而且師生的校園生活都與廣闊的馬料水大學校舍混合

為一了。

校訓「誠明」釋義

　　新亞書院的校訓「誠明」，在遷到農圃道之前，即桂林街時代後期，就已經確立了。1953 年 4 月，在新亞禮堂落成紀念的時候，新亞書院校友會，就以「誠明」二字題匾獻禮。

　　據錢穆在 1955 年 10 月的講話，新亞書院創辦了六年，才決定用「誠明」二字作為校訓，是鄭重其事而又謹慎其事的。「誠明」二字連用，見於《中庸》：「誠者，天之道也。誠之者，人之道也。」又說：「自誠明，謂之性。自明誠，謂之教。誠則明矣，明則誠矣。」

　　他解釋道，「誠」字是屬於德性行為方面的，「明」字是屬於知識了解方面的，這正是新亞一向所強調的，要把為學做人認為同屬一事的精神。「誠」的第一步工夫，先要「言行合一」、「內外合一」；第二步工夫，是「人我合一」，不欺騙自己，也不欺騙別人，做一個誠實人；第三步工夫是「物我合一」，我有我的真實不虛，物有物的真實不虛，人生便是這人的真實和物的真實之和合。第四步工夫便要「天人合一」，也可說明「神我合一」的境界了。

　　人必通達人情、明白物理，才懂得如何真真實實、完完善善地做一個人。錢穆認為人生不出四項真理的範圍：「第一項真理，是人格真理，道德真理。第二項真理，是社會真理，人文真理。第三項真理，是自然真理，科學真理。第四項真理，是宗教真理，信

仰真理。」四項真理融通會合，明白這四項真理，到底還合一項真
理，這便是《中庸》所說的「誠則明，明則誠」的道理了。[3]

　　唐君毅且以《新亞校歌》中「五千載今來古往，一片光明」為
言，他說：「在宇宙中有一個我，我有一心靈的光明。…… 此一個
我，屬於我的家，我的國，我的世界，我的宇宙，亦在此我的宇宙
中，放出此心靈的光明；更能以此光明，去照見古往今來無數的人
之心靈的光明中所照見的，而彼此光光相照，以相繼不已。」[4]

農圃道時代的進展

　　有幾件事需要補充和說明的。第一，在桂林街時代，由於地方
所限，新亞書院和新亞研究所分處兩地，未能充分發揮學術互動。
其後新亞研究所亦遷入農圃道校舍，有更大活動空間，與書院師生
互相呼應，所以農圃道時代的新亞研究所，辦得非常出色，成績燦
然可觀。

　　第二，新亞書院在農圃道時代，有文、理、商三個學院，教學
課程鼎足而立，互相配合，而又各展所長。校舍雖仍然很小，師生
學問卻越來越大，規模奠立，成就了一代人才。

　　第三，是與海外學界的聯絡日見加強。1958 年春，新亞書院與

3　錢穆〈新亞校訓誠明二字釋義〉，載《新亞遺鐸》，頁 75-79。

4　唐君毅〈略釋「誠」「明」〉，載張學明、何碧琪主編《誠明奮進 —— 新亞精神通識資料
　　選輯》，頁 57-58。

日本的亞細亞大學，基於建校理想方向相同，亞細亞大學校長太田耕造氏訪問新亞，雙方達成協議，互相交換教授，每年並進行交換學生計劃。新亞研究所由 1960 年開始，招收外籍研究生。

第四，是校園生活的多元化。課外活動方面，除原先的學生團體外，添設國樂團和國劇團，經常舉行表演，唐君毅夫人也參加了國樂團。校舍內有籃球場和乒乓球室等，體育活動使校園更具青春氣息；除禮堂外，圓亭教室（演講室）是舉行學術活動的場所，中外學者常來演講，成為新亞書院的建築標誌；圓亭周圍的一塊草地，更是師生休憩、談天、唱歌的好地方。一條紅色的走廊，把課室、校務處、圖書館連接起來，碰面時互相點頭，增進了師生情誼和同學感情，就算是不同學系的學生，往往也能彼此認識。

第五，是創辦書院刊物，定時發佈各項消息和資訊，師生人手一冊，消除隔膜。《新亞生活雙週刊》於 1958 年 5 月 5 日創刊，錢穆在〈發刊詞〉中，形容《新亞生活》為「新亞心」，是新亞的一面鏡，也是新亞將來的一部歷史。[5]

創辦藝術系經過

1957 年，新亞書院創立藝術系，1963 年加入香港中文大學，幾十年來培養了一代又一代的美術專門人才。藝術創作與大學其他

5　錢穆〈開刊詞〉，載《新亞生活雙週刊》第一卷第一期（1958 年 5 月）。

科目頗有差別，學生的承教自也不同。如丁衍庸，偏重教者的啟迪
及學生的感悟，當中產生的化學作用，是直觀而神秘的過程。著有
多重國畫畫譜的周士心，和著有《國畫梯階》的蕭立聲，樂於為學
生設計按部就班、循序漸進的教學模式，可說是言教的典範。高美
慶指出：

> 不論採用那種教學方法，早期的老師均將藝術教育置於較
> 廣闊的人文修養中，以自我的言行身教，貫徹為學、做人與藝
> 術創作的共通性。藝術系創辦人之一的陳士文老師，即是其中
> 的表表者。[6]

　　藝術系創辦之前，錢穆向董事會報告，書院擬設一藝術系，但
因經濟困難，所以首先添設二年制的「藝術專修科」，只求在校中
劃出教室及辦公室兩間。教師一如創校時的先例，只致送鐘點費，
俟藝術專修科獲得社會認可後，相機再辦藝術系。

　　藝術專修科創始後，得到三四位僑港珍藏名畫者借出所藏，
約有四十件左右，暑假期間由新亞開一個展覽會。觀者絡繹，港督
亦特去參觀。其後藝術專修科師生又舉行了一次作品聯展，頗獲佳
譽；這批展品後由雅禮協會贊助，運到美國各地巡迴展出。1959 年
秋，藝術系得以正式成立。但教師待遇仍不平等，遂於假期開設補

6　高美慶〈序二〉，載《師道傳承 —— 從新亞至中大的傳藝者》（香港：香港中文大學藝
　　術系系友會，2012 年），頁 14-15。

習班，書院即以補習班所得學費補貼藝術系各教師，聊濟薪水之微薄。[7]

錢穆說，他因劉百閔介紹，得識陳士文。陳士文（1907-1984），畢業於杭州藝專，曾赴法國專習西畫。錢穆請他到校創辦藝術系，以教授中國畫為主、西洋畫為輔；陳士文商得老友丁衍庸同意，又請得其他數人，陣容整齊。

丁衍庸（1902-1978），廣東茂名（今高州市）人。東京美術學校畢業。中國現代美術的倡導者之一，國畫、油畫、篆刻、書法俱佳。不管是不是學生，人人都稱他為「丁公」。他的教學法，是讓學生用心看，用神領會。為了讓學生好好吸收，同一題材，他會畫很多，每節課，學生都至少能得到一張畫稿。[8]

周士心，1923 年生於蘇州，畢業於蘇州美專，1949 年移居香港。1971 年移居美國，1980 年定居加拿大。他在新亞藝術系教授花鳥畫課，悉心教導梅、蘭、菊、竹「四君子」畫法之道。[9]《周士心談藝錄》精選他自 1954 年至 1999 年撰寫的文章三十三篇，由香港商務印書館於 2000 年出版。

蕭立聲（1919-1983），廣東潮州人。人物畫家，1962 年任新亞藝術系兼任講師。他在山水畫、花鳥畫方面造詣亦深，尤其是山水，別有氣象，因授課所需，多下功夫，登上大師殿堂。早年著有

7　錢穆〈新亞書院創辦簡史〉，載《新亞遺鐸》，頁 668-669。

8　張麗真〈丁公〉，載《師道傳承——從新亞至中大的傳藝者》，頁 22-24。

9　梁慧燕〈記周士心先生〉，載《師道傳承——從新亞至中大的傳藝者》，頁 80-81。

《國畫梯階》上、下冊，是初學者的入門手冊；在不同時期，出版過一些書畫集。[10]

還有一位教書法的曾克耑（1900-1975），祖籍福建閩侯，生於四川成都。他在新亞藝術系教書法，四體之中，在楷書和狂草用力至深，成就最顯。曾任上海暨南大學講席、國史館特約纂修。五十歲後寓居香港，任教於新亞書院中文系，講授詩和古文辭課程，後又在藝術系負責書法課程。[11] 學生的詩詞習作，經他修改後，常安排在《新亞生活雙週刊》發表，以資鼓勵。

誠如高美慶所說，「在昔日學生眼中的老師關心學生的成長和發展，不僅在藝術的道路上為之解惑，在人生的路途上亦多所啟發，生命因之而改變，產生深遠的影響。這是最深刻的師生關係，也是老師辛勤耕耘的最大慰藉」。[12] 藝術系老師如是，當年新亞書院的很多位老師亦如是。

10　黃繼昌〈國畫多面手蕭立聲〉，載《師道傳承 —— 從新亞至中大的傳藝者》，頁 70-74。

11　李潤桓〈曾克耑教授〉，載黃浩潮主編《珍重・傳承・開創：〈新亞生活〉論學文選》上卷，頁 77。

12　高美慶〈序二〉，載《師道傳承 —— 從新亞至中大的傳藝者》，頁 15。

第七章

新亞歷史系：
香港院校首創先河

文學與歷史分成兩系

　　新亞書院創立初期，設文史系，錢穆兼系主任，在文學、歷史兩方面奠下了根基。1954年，系主任之職由牟潤孫擔任，當時在四系之中，師生人數和開設課程最具規模。次年遷入農圃道校舍後，學生及課程續有增加，文史系於是分為中國文學、歷史學兩系，牟潤孫分別擔任兩系系主任。1956年至1959年間，原先的文史系學生仍以文史合併的畢業論文考試作為畢業標準，1960年兩系完全分立後，中文系系主任由黃華表擔任；歷史系系主任由牟潤孫擔任，當時全系學生有三十餘人。在香港高等院校之中，歷史科獨立成為一個學系，以新亞書院為最早。

　　1963年香港中文大學成立，牟潤孫榮升中國歷史科講座教授；新亞書院歷史系系主任之職，由孫國棟接掌。歷史系在他們兩位的帶領下，學生人數漸增，水平日益提高，至1969年，以新亞歷史

系為第一志願的考生多達四百七十人，而取錄的新生不過二十一、二名左右。在文學院中，歷史系學生人數僅次於中文系。

教學人員隨而增加。1956 年，程綏楚（靖宇）為兼任講師，教「中國通史」；同年，王聿修教「西洋現代史」，並擔任訓導處訓導主任。次年「西洋現代史」由曾特任教，他亦擔任訓導主任之職。1958 年，孫國棟入歷史系任教，先後講授多個科目，包括「中國通史」、「中國政治思想史」、「中國文化史」、「中國歷史要論」、「隋唐五代史」和「資治通鑑」等。他協助錢穆和牟潤孫處理教學和行政工作，五年後才繼任為歷史系系主任。

錢穆講課的情形

錢穆講課是很有聲勢的，頗能吸引聽眾。1956 年 9 月，錢穆在農圃道新校舍主持開學典禮。李學銘憶述當時的情形如下：

> 我看見有一個矮小壯實、膚色黝黑、廣額方臉、架深度近視眼鏡、目光銳利、精神飽滿、身穿藍色長袍的人，站在高高的台上，說著我完全聽不懂的話。[1]

錢穆在當年下學期代替離職的程綏楚，任教「中國通史」課，

---

1 李學銘〈農圃舊事〉，載氏著《讀史懷人存稿》（台北：萬卷樓圖書股份有限公司，2014 年），頁 326-327。

「不但教室坐滿了人，甚至臨時在教室空隙處加了多張椅子，也馬上為人所佔，有時門邊還擠了許多站著聽課的人。他的無錫國語並不好懂，有聽了幾年課的同學，仍然不懂他在說什麼。可是我們如果能克服語音的障礙，就知道他的講論頗能深入淺出，其中既有理性的辨析，又有感性的表達，而且聲音抑揚頓挫，富有韻律、魅力，難怪他的講課和演講，每次都能吸引一大群聽眾」。[2]

錢穆講授「中國通史」、「中國文學史」和「中國文化史」三門學科的助教，當時都由孫國棟擔任。其後，錢穆由於事務繁忙，除了新亞研究所，甚少為大學部的學生講課。「中國通史」課，自此就由孫國棟接任講授。

中西史兼備的課程

1959 年起，陶振譽到新亞書院歷史系任教。陶振譽（1911-1986），國立清華大學文學士，日本東京帝國大學肄業。1940 年代初在武漢大學任教，後任台灣師範大學歷史系教授。1955 年為台灣「中央研究院」近代史研究所研究員，與郭廷以、張貴永等共同編纂《中國近代史資料彙編》，包括《海防檔》、《礦務檔》、《中美關係史料》等。他在新亞歷史系講授「日本史」、「明清史」、「中國通史」、「西洋中古史」、「西洋近代史」、「中外關係史」等科目，

2　同上注。

1969 年起任新亞書院訓導長（後改為輔導長），至 1974 年退休。編著《世界各國漢學研究論文集》，撰述〈日本學人對中國史的研究〉；《日本史綱》是供大學生修習日本歷史參考之用，是有關方面較早期的一本教材。[3]

　　西洋史方面，1958 年起，金攸鹿任教「西洋通史」、「西洋近代史」、「西洋中古史」和「英國史」，至 1963 年。1960 年至 1965年，湯定宇任教「西洋通史」和「西洋上古史」。湯定宇退休後，改任樹仁學院中文系系主任。1966 年起，王德昭任教「文藝復興與宗教改革（1350-1650）」、「中西交通史」、「西洋通史」、「西洋現代史」等多個科目。1970 年代初，王德昭兼教「近代中國思想史」、「近代中外關係史」等科。1972 年轉到香港中文大學聯合書院，任教至退休。1970 年至 1972 年，新亞歷史系的「西洋近代史」、「西洋文化史」由楊頌良任教。

　　中國史方面，1959 年，陳啟雲教「遼金元史研究」；同年起，羅球慶先後任教「宋史研究」、「宋史」、「中國通史」、「宋遼金元史」和「中國史專題研究」等科目，至 1967 年轉到崇基學院歷史系，講授「中國通史」、「明清史」、「日本史」、「西洋中古史」、「西洋近代史」和「中外關係史」。1960 年至 1965 年何佑森在系內兼任，講授「中國通史」和「明清史」。兼任講師，還有范祖淹、張忠紱、金中樞三位，後者任教「中國通史」、「宋遼金元史」、「明

3　周佳榮〈陶振譽教授〉，載黃浩潮主編《珍重‧傳承‧開創：〈新亞生活〉論學文選》，頁 140。

清史」至 1972 年離港赴台。

程綏楚（1916-1997），筆名今聖嘆，湖南衡陽人，生於北平。西南聯大史學系畢業，受業於陳衡哲、陳寅恪門下。曾在天津南開大學任教，1951 年在港與人創辦崇基學院，先後在聯合書院、新亞書院兼課，至 1964 年離開香港中文大學，後為《明報》專欄作家。

張忠紱（1901-1977），湖北省武昌縣人，是著名政治學家、外交家，歷任東北大學、南開大學、北京大學政治學系教授，著有《中華民國外交史（1911-1921）》。1949 年去美國，後居香港，在新亞書院短暫任教，講授「中國現代史」。

陳荊和一面在新亞研究所主持東南亞研究室，一面在新亞歷史系講授「日本史」和「東南亞史」。1966 年歷史系除了聘任王德昭外，還有全漢昇、嚴耕望二位。全漢昇講授「中國近代經濟史」、「中國經濟史研究」、「中國社會經濟史」及「專題研究」；嚴耕望講授「秦漢史」、「史學專題研究 —— 國史地理與人文研究」、「中國中古史研究」、「中國歷史地理」、「中國政治制度史」、「中國中古地理研究」等科目。上述三位，均於 1977 年退休。此外，蘇慶彬於 1967 年入系任教，講授「秦漢史」、「魏晉南北朝史」、「中國通史」和「中國歷史要論」；1975 年至 1977 年間，出任新亞書院歷史系系主任。「誠實做人，樸實為學」可說是他一生的寫照，看似平凡無奇，對於一位學者來說，是不容易達到的境界。[4] 新亞書院搬入

---

4 陳萬雄〈誠實做人，樸實為學 —— 我所認識的蘇慶彬師〉（代序），載蘇慶彬著《飛鴻踏雪泥 —— 從香港淪陷到新亞書院的歲月》（香港：中華書局〔香港〕有限公司，2018 年），頁 xxi-xxiv。

沙田新校舍之初，面臨一個過渡和轉換時期，蘇慶彬在延續新亞學
風方面，為書院和歷史系做出了重大的貢獻。

教授陣容和科目

　　農圃道時代後期，新亞歷史系的教師陣容是很強大的，中國
史有牟潤孫、嚴耕望、全漢昇三位，西洋史和史學方法有王德昭，
日本史和東南亞史有陳荊和，都是在國際學界享有盛名的學者；第
二梯隊的學者有孫國棟、蘇慶彬、金中樞，他們三人分別任教文、
理、商學院的「中國通史」科。加上眾多學有專長的兼任講師如張
忠紱、羅夢冊等，以及雅禮協會代表、外籍講師，任教美國史、英
國史、俄國近代史、西洋文化史等，中國、亞洲、歐美歷史兼有，
古代史、近代史俱備，歷年開設的科目洋洋大觀，必修、選修層次
分明。(表 4) [5]

表 4　新亞書院歷史系開設科目（1963-1980 年代初）

課程範圍	主要科目
通史	中國通史、西洋通史、世界通史、西洋文化史、世界文化史

---

[5]　《新亞歷史系系史稿》(香港：香港中文大學新亞書院歷史系系會，1985 年)，頁 10。

中國史（斷代）	中國史前史、中國上古史、秦漢史、魏晉南北朝史、隋唐五代史、宋遼金元史、明清史、中國近代史、中國現代史、現代中國、1911 年以後的中國
中國史（專史）	中國文化史、中國學術思想史、中國近三百年學術思想史、中國經學史、中國思想史、中國中古及近代思想史、中國近代思想史、中國政治制度史、中國社會經濟史、中國經濟史、中國近代經濟史、中國史學史、中國佛教史、中國歷史地理、中國中古地理研究、中國文學史、中國中古史料、中國哲學史、中國經濟史研究、中國史專題研究
世界史（西洋）	西洋上古史、西洋中古史、文藝復興與宗教改革、西洋近代文明之開端、西洋近代史、歐洲近代史、西洋現代史、歐洲現代史、現代世界史、西洋史學史、西洋國別史、英國史、美國史、法國革命史、俄國革命史、德國近代史、西洋經濟史、西洋社會經濟史、歐洲近代思想史、西洋史學名著選讀
世界史（其他）	日本史、東南亞史、日本思想史、香港史、中西交通史、中外關係史、近代中外關係史、中美關係史、比較世界史、世界史專題研究
史學科目及其他	史學方法論、比較史學方法、比較史學史與史學方法、口述歷史導論、歷史研究與歷史學者、歷史哲學、西方中國史學研究、西方之中國學、中國史學名著選讀、中國史學名著評論、古籍導讀、左傳、考古學、校勘學及實習、地學通論、方志學、人類學

　　錢穆為書院命名為「新亞」，是在亞洲文商學院的名稱上前瞻，希望有一個「新亞洲」，中國文化可以重新發揮更積極的作

用。歷來師生對「新亞」一名的理解或有不同，而錢穆為新亞歷史系所奠下的根基，只要向前再走一步，即可從中國到亞洲而達於世界。至其關鍵，則在「復興」二字而已。[6] 新亞歷史系課程在相當程度上展示了一代大師的歷史眼光，是不容忽視的。

6　周佳榮〈序〉，載氏著《新民與復興 —— 近代中國思想論》第二版（香港：香港教育圖書公司，2008 年），頁 iv。

第八章

香港中文大學：
高等教育新里程

對香港中文大學的看法

　　錢穆在 1963 年的秋季開學典禮上，宣佈香港中文大學快要正式成立，此後要注意到新亞書院的地位，從前是一間私立學校，今後將變成香港中文大學的一部分，是公立，其間有很大的分別。將來的畢業生，具有兩項資格，一是新亞的畢業生，一是香港中文大學的畢業生。崇基三校的教授，慢慢地會變成中大的教授了，不同的是，他們分別在三個院校任教而已。

　　他寄望「諸位今天以後所要注意的，精神要天天創造，理想要步步實現。果能如此，並不妨礙今後的新亞。」錢穆表示，創造精神實現理想，有三個要點：第一，一切行政制度化；第二，課程學術化；第三，生活藝術化。「現在制度當然可以隨時修改，但不該加以蔑視。」今後務使教授和同學更加努力，要在學術上有成就。

「所謂藝術化的人生，就是要有禮樂的人生。」[1]

對於新亞書院應否參加香港中文大學，當時有不同的看法。錢穆說，崇基、聯合均同意，新亞同人則多持異見。他認為新亞早期的最大貢獻，是為大批來港的青年提供就學機會，由於時局漸定，已無此種需要。「而新亞畢業生，非得港政府承認新亞之大學地位，離校謀事，極難得較佳位置。儻香港大學外，港政府重有第二大學，則新亞畢業生出路更窄。」況且香港再增辦一大學，教師薪額一比港大，此後絡續向各地延聘教師，亦可藉此為國儲才。[2]

錢穆這番說話，是有一番道理的。就如香港浸會學院，因為不加入香港中文大學，畢業生的待遇，要經多年爭取，到 1994 年學校升格為香港浸會大學，才有機會與香港大學、香港中文大學相對公平地競爭。浸會書院（1972 年改稱香港浸會學院）選擇獨自辦學，原因之一是教會背景和決定。至於新辦大學的名稱，久久未有落實，錢穆認為，不如逕取已用之英文名，直譯為中文大學，眾無異議。[3]

辭去新亞書院職務

1964 年 7 月，錢穆在新亞畢業典禮上，提到他辭去新亞書院

1　錢穆〈秋季開學典禮講詞〉（1963 年 9 月 9 日），載《新亞遺鐸》，頁 480-486。

2　錢穆〈新亞書院創辦簡史〉，載《新亞遺鐸》，頁 670。

3　據沈燕謀 1961 年 1 月 27 日的日記，錢穆在校務會議中曾提議新大學命名為「東方大學」，眾皆贊同，事見朱少璋主編《沈燕謀日記節鈔及其他》，頁 359。

的事，說他任職新亞校長已十五年，請辭是「任職新亞校長之畢業」，他常想：「人應該不斷有新刺激，才會不斷有新精力，使他不斷走上新道路，能再創造新生命。」又說，他自十七歲起，五十三年來始終在教育界，上堂教書是他的正業；下堂讀書著書，是他業餘的副業。擔當學校行政工作，是在非常環境非常心情下做的；此刻擺脫現職，自然仍想回到他的正行本業去。以下是錢穆的一番心底話：

> 只我年歲日邁，此十五年來，對學業上不免更多荒疏。我有更多想看的書沒有看，更多想寫的書沒有寫。此下我將翻轉我以前所為，以讀書著書為正業，以上堂教書為我謀生之副業。諸位或要想我已踰了退休年齡，但我的精力決不需退休，我的經濟亦不可能退休。諸位且看我此下如何另闢生路吧！[4]

　　錢穆又提到，他立志想寫一部有關研究朱子的書，預期三年完成，縱不然延長到五年，此書定可成。他強調此書完成，在中國學術歷史上，在中國文化教育上，決不比他創辦新亞或主持新亞意義更狹小些，價值更輕微些。他所說的這本書，就是《朱子新學案》。

　　錢穆離開新亞書院後，住在新界沙田山麓的和風台寓所，放下了以往在新亞的一切事務，但內心對有關新亞的事仍然十分關注。

4　錢穆〈有關穆個人在新亞書院之辭職 —— 新亞畢業典禮講詞〉（1964 年 7 月），載《新亞遺鐸》，頁 545-551。

在他畢生從事教育工作的歷程中，創建新亞是極為重要的階段，他不辭勞苦，對新亞寄以厚望，希望能藉此保存中國傳統歷史文化，並且加以發揚。香港中文大學成立後，他與大學校長的教育理想不大相符，毅然決定離開。錢穆究竟是「辭職」，抑或是「退休」呢？

有一次，蘇慶彬在師生相敍時，直接向錢穆提出這個疑問，錢穆即時毫不猶豫，斬釘截鐵，帶著嚴肅的語氣說：「我是辭職的。」從這句話的表情，正好說明他離開中大是一種表態。[5] 對於一個學者來說，在身體仍然健康的情況下，宣告退休，放下長期以來的教學工作，停止繼續研究，在現實上、心理上一時是難以抉擇的。錢穆那個時代的中國學者，態度尤其如此，在去意已決的時候，寧願選擇辭職一途。

錢穆說他「自新亞決定參加大學，去意亦早定。大學既成半年，乃商之趙冰董事長，得其同意，辭去新亞院長之職」。此事提出是在 1964 年夏，董事會通過錢穆休假一年，正式離職是在 1965年。自新亞書院創校至此，前後十六年，連同新亞文商學院，則為十七年。錢穆說，這是他生平最忙碌的十七年。[6] 因為是辭職，不是退休，所以錢穆放棄了一筆為數可觀的退休金，亦在新亞校史上為師生留下了一個話題。

5　蘇慶彬著《七十雜憶 —— 從香港淪陷到新亞書院的歲月》，頁 280。

6　錢穆〈新亞書院創辦簡史〉，載《新亞遺鐸》，頁 676。

辭職後的去向

1965 年 6 月，錢穆卸任新亞書院院長職務。南洋大學商請他任校長，但錢穆推卻了。7 月赴吉隆坡，任馬來亞大學教授。旋因胃病，於次年 2 月回港，開始寫《朱子新學案》，後於 1969 年成書，1971 年在台北自印出版。這本巨著共五冊，凡一百五十萬字，把朱熹作為百科全書式人物的形象再現出來，是錢穆此書超越前人同類著作之處。[7]

錢穆在香港中文大學成立後的新亞書院任職雖短，卻留下了一項德政。當時大學學費是每月四十元，新生入學，崇基學院和聯合書院都要學生繳交半年學費和一個月按金，合共二百四十元。錢穆認為入讀新亞的學生以貧窮子弟居多，容許只交一個月學費和一個月按金，即八十元，然後逐個月交學費，此舉可以減輕學生和家長負擔。這項規定，至少維持至農圃道時代結束。當時確有新生因為入學時毋需繳付大筆學費，而以新亞書院為首選的。[8]

7　周佳榮著《錢穆史學導論 —— 兩岸三地傳承》，頁 114-115。

8　同上注，〈序〉，頁 1-2。

第九章

弘揚新史學：
著述的豐盛和普及

主持新亞時期的著述

北京大學是近代中國的最高學府，錢穆主持新亞書院多少得自他在北大任教的經驗，1957 年他在香港自印出版的《秦漢史》，可說是他從北大教學歸結到新亞時代的一部著作。此書原為 1932 年在北京大學授課的講義，又曾在清華大學講授，繼而講述漢初之治、西漢全盛和中衰、昭宣以後的儒術、西漢一代的政治，至王莽新制結束，書中沒有篇章提到東漢，是一部未完成的秦漢史著作。抗戰期間，錢穆並沒有隨身攜帶此書稿，幸而有學生保留著油印講義，來港後付梓，遂成「半部秦漢史」。內容雖有欠缺，而對所述議題有深刻的探討，非一般泛泛而論的秦漢史著作所能比擬。

由新亞研究所出版的三種著作，《莊老通辨》（1957 年）、《兩漢經學今古文平議》（1958 年）和《論語新解》（1963 年），是學術性的著作，《論語新解》尤為精審。而《中國歷代政治得失》，

則最為普及，此書自 1952 年起印行了多版，至二十世紀列為「東亞一百萬種先書」之一，被認為「是了解中國傳統政治基本問題的最重要著作」。[1] 此外，《中國思想史》（1952 年）、《中國思想通俗講話》（1955 年）等都屬於普及讀物。

《宋明理學概述》（1953 年）是承上啟下的著作，此前的《中國思想史》著眼於中國思想的整體發展，《宋明理學概述》專注宋、明兩代思想，提到的學者多達七十餘人，下與《中國近三百年學術史》相接。錢穆其後致力撰寫《朱子新學案》，實亦有「為往聖繼絕學」之抱負。

錢穆於 1948 年出版《中國文化史導論》，來港後對「文化學」頗感興趣，而成《文化學大義》一書，認為文化學今後必將成為研究學術思想的主要領域。《湖上閒思錄》（1960 年）探討中西文化及其比較，從人文與自然說到價值觀與仁慈心。[2]

舉行月會和專題演講

1957 年底開始，新亞書院舉行月會，原因是書院擴大了，師生聚會時間少，但是發揚新亞精神，是每一位師長和同學們所應該共同努力來完成的。新亞向來提倡通才教育，因為學問是不能分隔

1　錢穆著《中國歷代政治得失》一書的介紹，載東亞出版人會議編《當代東亞人文經典100》（台北：聯經出版事業股份有限公司，2011 年）。

2　周佳榮著《錢穆史學導論 —— 兩岸三地傳承》，頁 95-98。

的，應該互相融會貫通。[3] 其後錢穆在月會中的講話，較少以學術命題，黃浩潮主編《珍重・傳承・開創：〈新亞生活〉論學文選》上、下卷（香港：商務印書館〔香港〕有限公司，2019 年），所收的很多都是校內外學者在新亞月會上的講話內容。

1961 年至 1965 年間，錢穆在新亞研究所舉辦的學術專題演講中，總共作了二十次演講，大部分發表於《新亞生活》第四卷至第七卷各期。（表 5）當中談《論語新解》，就有三次之多。孔子和《論語》是錢穆經常提到的話題，尤其是建議年輕人要多讀《論語》。

表 5　錢穆在新亞研究所的專題演講

年份	演講題目
1961	「中國儒學與文化傳統」、「關於學問方面之智慧與功力」
1962	「學問與德性」、「中國歷史上關於人生理想之四大轉變」、「有關學問之道與術」、「有關學問之系統」、「學術與風氣」、「歷史與地理」
1963	「學問之入與出」、「推尋與會通」、「我如何研究中國古代地名」、「大學格物新義」
1964	「談《論語新解》」、「再談《論語新解》」、「三談《論語新解》」、「談當前學風之弊」（三次）
1965	「專家之學與名家之學」、「談朱子研究」

讀錢穆的專著，如果先瀏覽一下他這些講稿，總會得到一些啟

3　錢穆〈第一次月會講詞摘要〉（1957 年 12 月 3 日），載《新亞遺鐸》，頁 104-105。

發，或者可以明白他撰著的深意。例如讀〈有關學問之系統〉、〈學術與風氣〉，可加深對《中國近三百年學術史》的認識；要了解《史記地名考》（1962 年），不妨先看〈歷史與地理〉和〈我如何研究中國古代地名〉。

在《新亞學報》發表文章

《新亞學報》是新亞學人發表其研究成果的重要期刊，錢穆有十多篇文章在學報上刊登，以一校之長，帶頭作用尤具積極意義。連同〈發刊詞〉，在第一卷第一、二期就有四篇；第二卷第一、二期有二篇。第三卷第一、二期有五篇。主要都在 1950 年代後期。進入 1960 年代 ，第五、六卷亦各有兩篇，可見錢穆在農圃道時代用功之勤。（表 6）

近年北京商務印書館有錢穆著《勸讀論語和論語讀法》，2014年第一版，2017 年第四次印刷，銷路頗佳。書中所錄文章，大部分是錢穆主持新亞書院時發表的文章和講話內容，可見其時他反覆對學生申明《論語》的重要性，實有寓孔子行述於教育的用意。[4]

4　錢穆著《勸讀論語和論語讀法》（北京：商務印書館，2014 年），以〈孔子誕辰勸人讀論語並及論語之讀法〉一篇最能反映全書的主旨，頁 1-17。

表 6　錢穆在《新亞學報》上刊登的文章

卷期	文章題目
第一卷第一期（1955 年 8 月）、第二期（1956 年 2 月）	〈發刊詞〉（第一期） 〈中國思想史中之鬼神論〉（第一期） 〈王弼郭象註易老莊用理字條錄〉（第一期） 〈中國古代北方農作物考〉（第二期）
第二卷第一期（1956 年 8 月）、第二期（1957 年 2 月）	〈本論語論孔學〉（第一期） 〈釋道家精神義〉（第一期） 〈論春秋時代人之道德精神〉（第二期） 〈朱子與校勘學〉（第二期）
第三卷第一期（1957 年 8 月）、第二期（1958 年 2 月）	〈西周書文體辨〉（第一期） 〈雜論唐代古文運動〉（第一期） 〈論文選〉（第二期） 〈讀柳宗元集〉（第二期） 〈讀姚炫唐文粹〉（第二期）
第五卷第一期（1960 年 8 月）、第二期（1963 年 8 月）	〈讀詩經〉（第一期） 〈略論魏晉南北朝學術文化與當時門第之關係〉（第二期）
第六卷第一期（1964 年 2 月）、第二期（1964 年 8 月）	〈推止篇〉（第一期） 〈讀明初開國諸臣詩文集〉（第二期）

多次來港參加活動

　　錢穆離港後，每逢新亞書院有重要紀念活動，他都回來參加，以示支持。1969 年 9 月，為新亞書院二十周年紀念獻詞，當時他七十五歲。1977 年夏，新亞書院特設「錢賓四先生學術文化講座」，錢穆應邀允為第一次講者，次年 10 月，做「從中國歷史來看中國民族性及中國文化」的講座，共有六講，主要論述中國人的性格、行為、思想總綱、文化結構等，彙編為同名書籍，1979 年分別由中文大學出版社和聯經出版事業公司在港、台兩地出版。當時他已八十四歲。

　　1984 年 7 月到香港，門人為祝九十壽辰，並與從中國內地來港的四子孫，在新亞書院聚首月餘。1989 年 9 月，錢穆九十五歲時，到香港出席新亞書院創校四十年校慶，是他最後一次來港。錢穆說，離開了二十幾年，香港與新亞始終在他深切的關懷中，兩者是難以分開的。時值香港「九七回歸」前數年，錢穆說：「目前的香港究該如何？這是香港人眼前一大事，正須待香港人自己好好努力。我們總不能再存有依賴英國人之想，中國人的事該由自己負責。」新亞創立四十年來面對所處的環境，曾盡了他的一份責任；「然而四十年後，新亞即將要面對一個與前全然不同的環境，他所負的歷史使命也將有所不同。我們要對抗外來的壓迫是比較容易的，建立內在的自由卻轉較難」。[5] 次年 8 月 30 日，錢穆在台北杭州南路寓

5　錢穆〈新亞四十周年紀念祝辭〉，載《新亞遺鐸》，頁 681-685。

所逝世，享年九十六歲，歸葬蘇州市吳中區金庭鎮秉常村的一座山崗上。

《新亞遺鐸》及其他

《新亞遺鐸》（台北：東大圖書公司，1989 年）是錢穆生前所編的最後一本書，收錄新亞校訓、學規、校歌及講詞、文稿等，可見他晚歲仍然懷念在香港新亞的這段日子。這年適逢新亞書院創校四十周年，而錢穆離開新亞已二十三年了。此書除收入《錢賓四先生全集》（台北：聯經出版公司，1998 年），2004 年有北京三聯書店簡體字版。

在此之前，錢穆八十歲時，寫成《八十憶雙親》，講述他的家庭和少年生活。八十八歲時，寫成《師友雜憶》，細述平生師友風誼，亦是他的學術自傳。其後彙編為《八十憶雙親師友雜憶合刊》（台北：東大圖書公司，1983 年），並收入《錢賓四先生全集》中，內有〈香港新亞書院〉五篇及〈我和新亞書院〉等文。

下篇

新亞史學家：
早期的師生傳承

　　錢穆離開香港後，仍然著述不輟，由七十四歲至九十五歲，總共出版了二十三種書，或為新著，或據舊稿編訂，直以著書為「正業」。至於「副業」方面，1969 年 1 月，他為中國文化學院（現中國文化大學）授課，又擔任台北故宮博物院特聘研究員。1986 年告別教壇講最後一課時九十二歲，總計在教育界長達四分之三個世紀。其後錢穆仍不時在家講課，是實至名歸的一代教育家、史學家、國學大師。

　　錢穆創辦新亞書院頭幾年間，兼文史系系主任，其後對歷史系的規劃和發展，起了帶領和促進作用。牟潤孫繼任文史系系主任之職（1954-1958）及擔任歷史系系主任（1958-1963）期間，又為新亞研究所碩士班培養了一批史學人才，包括余秉權、何佑森、孫國棟、章群、羅球慶、楊遠、陳啟雲、蘇慶彬、金中樞、曹仕邦、楊啟樵、羅炳綿、劉家駒、逯耀東等，他們或留校工作，或在崇基學院、香港浸會學院任教，有些則赴外地，到中國台灣、日本、美國等地區和國家進修及任職。新亞書院加入香港中文大學後，歷史系由孫國棟任系主任，學生人數較崇基史地系、聯合歷史系為多，畢業生的出路也較廣了。

　　1960 年代起，陳荊和、王德昭、嚴耕望、全漢昇相繼加入歷史系，至 1970 年代中他們退休為止，學術研究的風氣是很盛的。出身新亞的學者，章群、劉家駒先後出任香港浸會學院歷史系系主任，為其後香港浸會大學的史學教研工作奠下根基，在系中任教的亦多新亞畢業生；章群轉到香港大學中文系任教，蘇慶彬留在香港

中文大學歷史系任教至退休，在在說明了他們對本地史學界所作出
的努力和貢獻，是頗為重要的。（表 7）

表 7　新亞早期師生職歷和著作

姓名	在港職歷	主要著作
牟潤孫 （1909-1988）	● 新亞書院文史系／歷史系系主任 ● 新亞研究所導師 ● 香港中文大學歷史系講座教授、文科研究院歷史部主任導師	《注史齋叢稿》（增訂本）二冊 《海遺叢稿》初編、二編（原稱《海遺雜著》）
嚴耕望 （1916-1996）	● 任教新亞書院歷史系、香港中文大學歷史系 ● 香港中文大學研究院導師 ● 新亞研究所教務長、代所長	《中國地方行政制度史》 《唐僕尚丞郎表》 《唐史研究叢稿》 《唐代交通圖考》 「治史三書」
全漢昇 （1912-2001）	● 任教新亞書院歷史系、香港中文大學歷史系 ● 香港中文大學研究院導師 ● 新亞研究所教務長、所長	《中國經濟史論叢》二冊 《中國經濟史研究》三冊 《明清經濟史研究》
王德昭 （1914-1982）	● 任教新亞書院歷史系、聯合書院歷史 ● 新亞研究所教務長 ● 香港中文大學研究院導師、中國文化研究所副所長	《文藝復興》三冊 《國父革命思想研究》 《清代科舉制度研究》 《從改革到革命》 《歷史哲學與中西文化》

姓名	在港職歷	主要著作
陳荊和 （1917-1995）	● 新亞研究所東南亞研究室主任 ● 任教新亞書院歷史系、香港中文大學歷史系 ● 香港中文大學研究院導師、日文系系主任、中國文化研究所所長	《十六世紀之菲律賓華僑》 （中、英文本） 《承天明鄉社陳氏正譜》 《阮述〈往津日記〉》
孫國棟 （1922-2013）	● 新亞書院歷史系系主任、文學院院長 ● 香港中文大學歷史系主任、研究院導師 ● 新亞研究所所長	《唐代中央重要文官遷轉途徑研究》 《唐宋史論叢》 《中國歷史》
章群 （1925-2002）	● 香港浸會學院歷史系系主任 ● 香港大學中文系高級講師	《中國文化史》 《唐史》 《唐代蕃將研究》
劉家駒 （1932-1987）	● 香港浸會學院歷史系講師、高級講師及系主任	《歷史與現實》 《菲律賓菲化運動之研究》 《劉健先生遺文輯錄》
蘇慶彬 （1932-2016）	● 任教新亞書院歷史系、香港中文大學新亞書院歷史系 ● 香港中文大學新亞書院歷史系系主任	《兩漢迄五代入居中國之蕃人氏族研究》 《七十雜憶 —— 從香港淪陷到新亞書院的歲月》 《清史稿全史人名索引》上、下冊

第十章

牟潤孫：
經學史和中國史學史

來港前的事跡

　　牟潤孫是桂林街時代和農圃道時代新亞史學的領軍人物，在教學方面常以臧否歷史人物和評論史學著作的方式啟導學生，他的著作以論文和注史為主，每每有精闢見解。雜著以弘揚師友學術見長，為近代中國史學下注腳，精深獨到，發人深省。

　　牟潤孫（1908-1988），原名傳楷，字潤孫，後以字行。祖籍山東省福山縣，生於北京。小時於家塾讀朱注《四書》及《詩》、《書》、《春秋》，中學曾在聖公會崇德中學、北京四中肄業。十五歲時，讀梁啟超《國學入門書目及其讀法》及《清代學術概論》，深受啟迪；繼而讀其《清代學者整理舊學之總成績》及張之洞《書目答問》，按目求書，漸傾向於鑽研經史。

　　中學畢業後，牟潤孫先後在中法大學及俄文法政專門學校就讀；1929 年二十一歲時，考入燕京大學國學研究所，受陳垣和顧

頡剛指導。二十三歲時從柯劭忞受經史之學，當時柯劭忞已八十二歲，在家講學，兩年後去世。1932 年，牟潤孫畢業於燕京大學國學研究所，畢業論文為〈歷代蕃姓考〉，其後在中學教國文約四年。繼而在河南大學、輔仁大學任教，1948 年任上海同濟大學文史系教授、上海暨南大學歷史系教授。[1]

　　1949 年，牟潤孫四十一歲，自上海往舟山，途中為盜所劫，財物盡失，得台灣大學校長傅斯年援手及介紹，任台灣教育廳編審委員會委員。次年開始，任教於台灣大學。1952 年 4 月 16 日，往淡江英語專科學校聽錢穆演講，錢穆講畢後，為提問作綜合解答，講台上的灰檐突然下墜，白灰飛揚，錢穆頭破血流，急送附近中心診所救治。連續多日，牟潤孫均往中心診所探視，至 4 月 28 日，錢穆已可起坐，頭上紗布已去，創痕赫然。

任教新亞十二年

　　1954 年，牟潤孫四十六歲時，接受錢穆之邀，來港擔任新亞書院文史系主任、新亞研究所導師兼圖書館館長。室名注史齋，這是其論文集《注史齋叢稿》（香港：新亞研究所，1959 年）書名之由來。

　　1956 年，新亞書院文史系重組，分為中文系及歷史系，牟潤孫仍兼兩系系主任，至 1958 年專任歷史系系主任。1959 年，統籌崇

1　李學銘〈牟潤孫先生的師承與治史之道〉，載香港中文大學歷史系編《貫古通今・融東會西 —— 扎根史學五十年》（香港：三聯書店〔香港〕有限公司，2016 年），頁 40-43。

基、新亞、聯合三院歷史系統一文憑及考試事宜；1963 年香港中文
大學成立，任歷史系講座教授。1965 年 1 月至 2 月，應邀赴美國講
學；3 月 5 日，在香港大會堂發表講座教授就職演講，《論魏晉以來
之崇尚談辯及其影響》是當日就職講詞，由香港中文大學出版。開
宗明義，牟氏指出談辯之風雖盛於魏晉，而溯其淵源蓋肇自經學煩
蕪，研討所及不復限於魏晉以後，更不能捨經學演變過程不言。

　　牟潤孫此論，首述經學風氣轉變之開始，繼敘東漢經學之博
學、王肅與王弼，認為談辯之風蓋起於東漢之末，而守家法講章句
之經學，由此遂衰。談辯影響及於經學者，首為講經一事；影響及
於史學者，則為考據。史學之考證，似當自譙周始；司馬彪後，為
考史者有孫盛，孫盛著有《魏氏春秋》，別著《魏氏春秋異同》，
蓋以考史料異同，如司馬光《通鑑》之有《考異》也。

　　此外，又言談辯之影響政治制度，包括官制及考試制度。至
於談辯名理之學何以至唐而衰歇，章太炎未及言，劉申叔語焉而不
詳，牟潤孫別有文論唐初南北文化之爭，加而討論，為之說明。[2]

　　1966 年，香港中文大學研究院成立，牟潤孫兼任歷史學部
導師。1968 年，應聘為美國俄亥俄州立大學客座教授。1973 年
六十五歲，從香港中文大學歷史系退休，轉任中國文化研究所研究
員。此後常以海遺等多個筆名，在香港報刊上發表文章。1988 年

2　牟潤孫〈論魏晉以來之崇尚談辯及其影響——三月五日香港中文大學學術演講摘要〉，
　　載《新亞生活雙週刊》第七卷第十七期（1965 年 3 月 26 日），收入黃浩潮主編《珍重·
　　傳承·開創：〈新亞生活〉論學文選》上卷，頁 165-168。

11 月在九龍法國醫院逝世，享年八十歲。家人遵照他的遺願，把骨灰送到北京八寶山安放。

主要的學術論著

　　牟潤孫著《注史齋叢稿》1959 年初版，列為《新亞研究所專刊》之一，共收論文十四篇：（1）〈春秋時代母系遺俗《公羊》證義〉；（2）〈宋人內婚〉；（3）〈漢初公主及外戚在帝室中之地位試釋〉；（4）〈崔浩及其政敵〉；（5）〈宋代之摩尼教〉；（6）〈崇禎帝之撤像及其信仰〉；（7）〈《春秋左傳》辨疑〉；（8）〈兩宋《春秋》學之主流〉；（9）〈顧寧人學術之淵源〉；（10）〈敦煌唐寫姓氏錄殘卷考證〉；（11）〈《折可存墓志銘》考證兼論宋江之結局〉；（12）〈釋《論語》狂簡義〉；（13）〈記《魏書・地形志》考異〉；（14）〈記《新民公案》〉。

　　二十多年後，新編《注史齋叢稿》（北京：中華書局，1987年）分為兩部分：前半部是新亞研究所初版《注史齋叢稿》所收的十四篇論文，後半部為新增的十二篇論文，是他五十歲後的著述，包括：（1）〈論儒釋兩家之講經與義疏〉；（2）〈論魏晉以來之崇尚談辯及其影響〉；（3）〈從唐代初期的政治制度論中國文人政治之形成〉；（4）〈唐初南北學人論學之異趣及其影響〉；（5）〈明末西洋大炮由明入後金考略〉；（6）〈論乾隆時期的貪污〉；（7）〈論清王朝富盛時期的內帑〉；（8）〈蔣良騏的《東華錄》與《清實錄》〉；（9）〈錢大昕著述中論政微言〉；（10）〈略說批本《隨園詩話》〉；（11）〈從《通鑒胡注表微》論陳援庵先師的史學〉；（12）〈蓼園問學記〉。

除上述諸篇外，牟潤孫親自選定七十篇文章，長短不一，結為一集，初名《海遺叢稿》，其後改題《海遺雜著》（香港：中文大學出版社，1990 年），2009 年版復名《海遺叢稿》。至於《注史齋叢稿》亦有 2009 年增訂版，刪去 1987 年版中的五篇，另加二十七篇，共收文章五十八篇。（表 8）

牟潤孫嘗對門生說，他的老師陳垣把學術由南方帶到北方，而他則把陳垣等人在北方的學術帶回南方，尤為睿語。「南學北移，北學南傳」，謂為一代師生的史學傳承，亦云得宜。

陳垣（1880-1971），字援庵，廣東新會人。曾任教於北京大學、北平師範大學、輔仁大學，1926 年至 1952 年任輔仁大學校長，1952 年至 1971 年任北京師範大學校長。他在考據學、元史、中外關係和史論方面都有卓越成就，著有《元也里可溫教考》、《元西域人華化考》等多種，抗日戰爭期間完成《通鑑胡注表微》，體現了強烈的歷史感和時代感。

牟潤孫的另一位老師柯劭忞（1850-1933），字鳳蓀，號蓼園。山東膠州人。清光緒進士，授翰林院編修。曾任京師大學堂經科監督，民國初年任清史館總纂兼代館長。他致力於元史研究，撰《新元史》二百五十七卷。

表 8《注史齋叢稿》各版本內容的比較

文章題目	1959 年版（新亞研究所）	1987 年版（中華書局）	2009 年版（中華書局）	分類
春秋時代母系遺俗《公羊》證義	√	√	√	經學
宋人內婚	√	√	√	
《春秋左傳》辨疑	√	√	√	
兩宋《春秋》學之主流	√	√	√	
論儒釋兩家之講經與義疏		√	√	
論魏晉以來之崇尚談辯及其影響		√	√	
釋《論語》狂簡義	√	√	√	
「民可使由之，不可使知之」釋義 —— 孔子理想中的德化政治			√	
說「格物致知」			√	
中國早期文字與古史研究			√	史學
屈原的左徒官職與奴隸			√	
屈原與荀況			√	
漢初公主及外戚在帝室中之地位試釋	√	√	√	
呂雉奪權與母系遺俗			√	
論西漢武帝在政治上的儒法兼採			√	
霍光非儒家論			√	

文章 題目	1959 年版 （新亞研究所）	1987 年版 （中華書局）	2009 年版 （中華書局）	分 類
論劉秀的陽儒陰法			√	
王充的反傳統及其影響			√	
論《漢書·五行志》			√	
從班固《漢書》到荀悅《漢紀》			√	
從東漢察舉制度談起			√	
說選才議政 —— 從漢唐政治制度想到的古為今用			√	
說曹操的法治			√	
崔浩及其政敵	√	√	√	
論西晉王朝的崩潰			√	
敦煌唐寫姓氏錄殘卷考證	√	√	√	
唐初南北學人論學之異趣及其影響（附錄：唐太宗廢立太子與南北文化之關係）		√	√	
從唐代初期的政治制度論中國文人政治之形成		√	√	
《折可存墓志銘》考證兼論宋江之結局	√	√	√	
明末西洋大炮由明入後金考略（附錄：徐文定公與樸學）		√	√	清 史
論乾隆時期的貪污		√	√	
福康安是清高宗私生子之謎			√	

文章 題目	1959 年版 （新亞研究所）	1987 年版 （中華書局）	2009 年版 （中華書局）	分 類
論清高宗之重用傅恆與福康安			√	
鴉片戰爭初期中國史料錄要 —— 林則徐與清宣宗旻寧關係的演變			√	
從琦善割讓香港說到清朝重用滿人			√	
論清王朝富盛時期的內帑 —— 修明園的費用與清皇室的財富		√	√	
論陳寶箴父子抨擊李鴻章 —— 甲午戰爭與修建頤和園			√	
蔣良騏的《東華錄》與《清實錄》		√	√	
《聊齋志異》對官僚的攻擊與諷刺			√	
《聊齋志異》所記清兵在山東的屠殺			√	
京劇的盛行與滿清政權的崩潰			√	清代學術

文章題目	1959年版（新亞研究所）	1987年版（中華書局）	2009年版（中華書局）	分類
王夫之顧炎武解《易》之說舉隅 —— 經學史是史學的輔助科學例證			√	
論王夫之的反法			√	
顧寧人學術之淵源 —— 考據學之興起及其方法之由來	√	√	√	
論顧亭林學術與儒學之真精神			√	
論朱熹顧炎武的注解《詩經》			√	
論清議與以名為治 —— 從《日知錄》中認識到古為今用			√	
反理學的惠棟			√	
胤禛與戴震			√	
論弘曆的理學統治與錢大昕			√	
錢大昕著述中論政微言		√	√	
龔定庵與陳蘭甫 —— 晚清思想轉變之關鍵			√	
清代考據學的來源			√	
論清代史學衰落的原因			√	
從中國的經學看史學			√	
宋代之摩尼教	√	√	√	宗教
崇禎帝之撤像及其信仰	√	√	√	教
中國歷史地理・秦漢篇			√	專書

文章 題目	1959 年版 （新亞研究所）	1987 年版 （中華書局）	2009 年版 （中華書局）	分 類
記《魏書‧地形志》校異	√	√		附 錄
記《新民公案》	√	√		
略說批本《隨園詩話》		√		
從《通鑒胡注表微》論陳援庵先師的史學		√		
蓼園問學記		√		

從中國經學看史學

　　2009 年版《注史齋叢稿》所收文章，上冊分為經學、史學兩類；下冊分為清史、清代學術、宗教三類，並收專書一種，即《中國歷史地理‧秦漢篇》，及附錄五篇。牟潤孫的經史之學，在 1959 年的版本中已見其規模；其後增訂，則多討論清代歷史和學術。

　　1971 年 12 月 10 日，牟潤孫為新亞書院歷史系系會舉辦的學術週作專題演講，從中國的經學看史學，由關彩華筆錄。牟潤孫頗重視此文，改動和潤飾之處甚多，內容頗能反映其見解。

　　演講首先指出，「治經學不等於讀經書」，「經學從史學退出，應當從我國興辦洋式學校說起」。他說：「經學皆史學也。」又說：「古人皆附經以言事。」古人的經學同史學是分不開的，現代人講經學則無關於史學；由於研究經書，而使得古器物學、古文字學、

古聲韻學等成為專門之學，經書轉而成為治這些學問的材料，怎能說這些學問就是經學？

　　真正藉著注解經書講當時的歷史，牟潤孫認為是由宋朝開始的。「到了宋代，經史才以另一形式又合一起來。所謂經史合一的史學是明古論今的史學。」宋人講經的目的，多數在於致用。牟潤孫寫過〈兩宋春秋學之主流〉，講兩部書：其一是北宋孫復作《春秋尊王發微》，發揮尊王的道理；另一是南宋胡安國《春秋胡傳》，宋室南渡後最要緊的是攘夷復仇，此種民族思想一直貫徹下來。牟潤孫的老師柯劭忞，是藉著注經講當代之史的最後一個人。演講作結時，牟潤孫強調：

> 中國傳統的經學史學絕不能脫離時代，若脫離時代即不成其為經學史學，也不能達到明古用今的目的，而走上了瑣碎考據的路，喪失了傳統中國學問的精神。在中國史學史來看，由清代至現在是史學衰落時期，由現在起必定是史學復興時期。我個人以為應當追問如何衰落的，而從此找尋復興之路。今天提出我個人對於傳統經學史學的看法，其目的即在於尋求復興之路。[3]

　　對於經學，錢穆有相類的看法。他說：「一般人以為『經』就

3　牟潤孫〈從中國的經學看史學〉，載《新亞書院歷史學系系刊》第二期（1972年），頁 1-5；此文亦收入《注史齋叢稿增訂本》下冊（北京：中華書局，2009年），頁 684-691。

是《詩》、《書》、《易》、《禮》、《春秋》幾本舊書，為這幾本舊書作注疏就是『經學』。於是經學成為書齋裏的靜態學問，殊不知經學是一種指導社會思想、領導政府訂立制度、滌除政治的污垢，以推動社會進步的一種動的學問。」[4] 據說錢穆邀請牟潤孫從台灣大學來新亞書院任教，就是欣賞牟氏所撰寫的以史治經，以經證史的論文。[5]

治史主張和方法

牟潤孫的治史主張有三要點，一是經史互通，二是通史致用，三是史不廢文。他強調治史之人須通經學，不通經學有時就不能解決史學上的一些問題。他老師陳垣的「華化考」以至「尋史源」、「表微學」等等，都是現身說法，提供實例，向學生和後學傳達經史互通的訊息。

牟潤孫指出，在中國史學的傳統裏，一切治國理民之道都在史書，所以司馬遷著《史記》，就是要「通古今之變」。牟氏晚年在報刊上發表的文章，談時事，評政局，論人物，不時援以史書、史事，就是因為他沒有忘記自己作為史學家的責任。

4　孫國棟〈師門雜憶：憶錢穆先生〉，載《誠明古道照顏色 —— 新亞書院 55 周年紀念文集》，頁 74-75。

5　李學銘〈現代國學界的通儒錢賓四先生〉，載香港中文大學歷史系編《貫古通今‧融東會西 —— 扎根史學五十年》，頁 29-30。

　　牟潤孫經常向學生強調，治史者，第一是文章，第二是文章，第三還是文章。歷史研究者要文史兼通，要能讀懂文章，懂得文章的文字語句和字裏行間的言外之意，還要懂得寫文章。他在提倡文史兼通的同時，常教導學生要盡力寫簡淨清晰、理達事暢的學人之文。[6]

　　至於牟潤孫所倡的治史方法，要點亦有三：第一，是目錄應用；第二，是史源考尋；第三，是體例歸納。他懂得治學，是由目錄入手，視目錄學為治史鑰匙。作史源考尋，就是追查史料的來源，要看其根據是否正確，引證是否充分，敘述有無錯誤，判斷是否得當。牟潤孫也很重視著述的體例，把體例歸納出來，形成系統，最後寫成出色的作品。[7]

　　陳萬雄說，據他理解，「第一是文章」者，治史首先要「識字」，要仔細明白每個字的意思，不能含糊。「第二是文章」者，要懂得讀文章，懂得字裏行間的意蘊。「第三是文章」者，治史必須能寫一手好文章。對治史這種說法，牟潤孫不作解釋，時常語氣鏗鏘而有節奏地說出來，是有深意存在的，著意要學生自己去理解，絕不是隨意說的。這種「點到即止」的講授形式，是引導學生自己做學問的途徑。在他的《海遺雜著》中，有討論他自己治學經歷的文章，也有幾篇關於陳寅恪、陳垣學行的文章，可作為治史者的

6　李學銘〈牟潤孫先生的師承與治史之道〉，載香港中文大學歷史系編《貫古通今‧融東會西──扎根史學五十年》，頁 44-46。

7　同上注，頁 47-49。

參考。[8]

一生著述兩《叢稿》

　　《海遺雜著》（1990 年）所收文章，是牟潤孫生前選定的；其後復用初定的書名，於 2009 年出版《海遺叢稿》，儘量輯入牟氏的文章，分為「紅學雜俎」、「談文說史」、「海遺札記」、「海遺讀書記」、「序跋」、「學林話舊」、「北京憶往」、「自述」和「附錄」。（表 9）

　　顯而易見，《注史齋叢稿》所收的是重要的論文，《海遺叢稿》以「雜著」居多，但也不乏精闢的文章。例如「紅學雜俎」之中，有一篇〈從《紅樓夢》研究說到曹雪芹的反理學思想〉，就有很高的啟發性。其他幾篇文章釐清了《紅樓夢》之中一些與歷史相關的問題，反映出他是有切實見解和深刻體會的。牟潤孫對多位歷史學家生平和著作的評述，是研究近代中國史學史的上乘材料。由於輯錄的文章有所增刪，《海遺雜著》和《海遺叢稿》最好能夠合併閱讀。

8　陳萬雄〈由一封信說起 —— 追憶牟師潤孫先生〉，載《誠明古道照顏色 —— 新亞書院 55 周年紀念文集》，頁 204-205。

表 9 　《海遺雜著》和《海遺叢稿》內容的比較

分類輯目	文章題目	《海遺雜著》（1990 年版）	《海遺叢稿》（2009 年版）
紅學雜俎	論曹雪芹撰《紅樓夢》的構想	√	√
	曹雪芹描寫大觀園的取材	√	√
	從《紅樓夢》的抄家談起	√	√
	釋《紅樓夢》中的「皇商」	√	√
	從《紅樓夢》研究說到曹雪芹的反理學思想	√	√
	論曹雪芹反對清王朝的理學統治	√	√
	論康熙、乾隆時期的「南巡」	√	√
	林四娘故事徵實	√	√
談文說史	宋代富貴人家的食品	√	√
	宋江的結局		√
	香妃故事之謎		√
	從楊昌浚說到段芝貴 —— 再論監察糾舉制度		√
	論《李慧娘》劇本中之鬼神思想	√	√
	包拯在京戲中的形象		√
	「楊家將」的歷史意義	√	√
	《五人義》與《五人墓碑記》	√	√
	王夢湘	√	√
	林則徐・左宗棠・新疆	√	√
	林公井	√	√
	清代的北京地震		√

分類 輯目	文章 題目	《海遺雜著》 （1990 年版）	《海遺叢稿》 （2009 年版）
	中國現代青年轉變之由來		√
海遺 札記	毒藥苦口《注史齋剳記》之一	√	√
	釋睼	√	√
	釋姑	√	√
	「摟」與「撈」	√	√
	釋抗與扛	√	√
	釋遮	√	√
	釋有	√	√
	別字	√	√
	從萬俟離說起		√
	聞與聽 —— 方言中的通感	√	√
	談婦好	√	√
	談秦俑	√	√
	從鴞尊、象尊說起	√	√
	武威漢墓與銅奔馬	√	√
	金縷玉衣與屍體保存		√
	考古與盜墓	√	√
	那堪回首話園林	√	√
海遺 讀書 記	論治目錄之學與書籍供應 —— 從梁任公 《國學入門書要目》說起		√
	《永樂大典》本《水經注》		√
	《元和姓纂》十卷		√
	《名公書判清明集》		√

分類輯目	文章題目	《海遺雜著》（1990年版）	《海遺叢稿》（2009年版）
	記《新民公案》		√
	略說批本《隨園詩話》		√
	記《魏書地形志校異》		√
	柯鳳蓀先生遺著三種		√
	李晉華《明史纂修考》		√
	呂思勉著《白話本國史》訂訛		√
	讀史偶鈔		√
	跋《方豪六十自定稿》		√
	錢賓四先生《學籥》		√
	《北平圖書館善本書目乙編》跋		√
	《四庫全書》的缺點	√	√
	說二十四史	√	√
序跋	《吳宓詩集（附空軒詩話）》序		√
	《中國史籍類選》序		√
	《李綱年譜長編》序		√
	《兩漢迄五代入居中國之蕃人氏族研究》序		√
	《明遺民傳記索引》序		√
	董彥堂先生與甲骨文——《甲骨文詩畫集》跋		√
學林話舊	從癸丑修禊說到紀念梁啟超——王羲之、梁啟超修禊時的心情	√	√
	林紓逝世六十周年	√	√

分類 輯目	文章 題目	《海遺雜著》 （1990 年版）	《海遺叢稿》 （2009 年版）
	題「蓬山話舊圖」	√	√
	北京學林話舊 —— 跋錢玄同給魏建功的兩封信	√	√
	談故宮盜寶案	√	√
	說胡適的提倡語體文 —— 跋《胡適之壽酒米糧庫》	√	√
	我對胡適的新認識	√	√
	蓼園問學記 —— 附錄一：名學人的聯語 附錄二：孔德成的親戚		√
	敬悼先師陳援庵先生		√
	勵耘書屋問學回憶 —— 陳援庵先師誕生百周年紀念感言	√	√
	從《通鑑胡注表微》論陳援庵先師的史學		√
	陳援庵先生的目錄學 ——《中國佛教史籍概論》讀後	√	√
	發展學術與延攬人才 —— 陳援庵先生的學人豐度	√	√
	敬悼陳寅恪先生 —— 附錄：和陶然亭壁間清光緒時女子所題詠丁香絕句、蒙自南湖作		√
	讀《陳寅恪先生論集》	√	√
	論中外思想融合的途徑 —— 寒柳堂勵耘書屋論學互證		√

分類 輯目	文章 題目	《海遺雜著》 （1990 年版）	《海遺叢稿》 （2009 年版）
	讀《寒柳堂記夢未定稿》札記 —— 論光緒十年後清王朝政治的腐化		√
	陳寅恪與錢鍾書 —— 從楊太真入宮時是否處女說起	√	√
	書藝的氣韻與書家的品格 —— 題《靜農書藝集》	√	√
	啟元白教授在香港首次公開講演		√
	郭紹虞和顧頡剛		√
	譚其驤與楊寬		√
	方東美二三事		√
	謹慎的學人		√
	悼念殷海光		√
	傅孟真先生逝世二十周年感言		√
	喬大壯之死		√
	悼念向達		√
	悼亡友王德昭		√
	悼念吳晗		√
	悼念唐蘭		√
	悼念沈尹默先生		√
	弔李濟		√
	悼亡友方傑人 —— 陳援庵先生與方豪		√
	敬悼顧頡剛先生 —— 兼談顧先生的疑古辨偽與提攜後進		√

分類 輯目	文章 題目	《海遺雜著》 （1990 年版）	《海遺叢稿》 （2009 年版）
	學兼漢宋的余季豫先生	√	√
	方傑人司鐸六十壽序		√
	徐森玉先生九十壽序 —— 附錄：石鼓復原		√
	張丕介博士墓表		√
	清華國學研究院	√	√
	北京大學研究所國學門	√	√
北京 憶往	滿漢全席		√
	廣和居與萬福居		√
	茶泡飯與芝麻醬麵		√
	酸白菜	√	√
	談致美齋		√
	烤肉		√
	北京的餑餑	√	√
	幾禮居制戲目箋題記	√	√
	一批被遺忘的珍貴中國戲曲史料 ——《幾禮居藏戲曲文獻目錄》讀後記	√	√
自述	六十五歲自詠		√
	買書漫談	√	√
	談談我的治學經歷	√	√
	論為學之取法與守約		√
附錄	《海遺雜著》目錄（香港中文大學 1990 年版）		√

分類 輯目	文章 題目	《海遺雜著》 （1990年版）	《海遺叢稿》 （2009年版）
	烏台正學兼有的牟潤孫教授（李學銘）		√
	心送千里 —— 憶牟潤孫師（逯燿東）		√
	由一封信說起 —— 追憶牟師潤孫先生（陳萬雄）		√
1990 年文 章	論西漢武帝在政治上的儒法兼採	√	
	論西晉王朝的崩潰	√	
	論清王朝富盛時期的內帑 —— 修圓明園的費用與清皇室的財富	√	
	鴉片戰爭初期中國史料錄要 —— 林則徐與清宣宗旻寧關係的演變	√	
	從琦善割讓香港說到清朝重用滿人	√	
	京劇的盛行與滿清政權的崩潰	√	
	福康安是清高宗私生子之謎	√	
	論清高宗之重用傅恆與福康安	√	
	論清代史學衰落的原因	√	
	中國早期文字與古史研究	√	
	反理學的惠棟	√	
	論弘曆的理學統治與錢大昕	√	
	論《漢書·五行志》	√	
	民族·姓氏·團結	√	
	「民可使由知，不可使知之」釋義 ——孔子理想中的德化政治	√	
	說「格物致知」	√	

分類　文章	《海遺雜著》	《海遺叢稿》
輯目　題目	（1990 年版）	（2009 年版）
《聊齋志異》對官僚的攻擊與諷刺	√	
牟潤孫教授編年事略（李學銘）	√	
後記（李學銘、佘汝豐）	√	

致力培養史學人才

　　牟潤孫對新亞書院和新亞研究所作出的貢獻，是非常重大的。舉例來說，1957 年至 1965 年間，新亞研究所九屆畢業生共有五十六人，史組佔了四十三人，而由牟潤孫指導撰寫碩士論文的，就有三十三人。論文研究的範圍，由戰國時代、兩漢三國以至宋、元、明、清都有。[9]

　　據蘇慶彬所述，牟潤孫擔任文史系系主任時，講述「秦漢史」、「魏晉南北朝史」和「古籍導讀」等課程。第一堂是「秦漢史」，他一走進課室，把抱著的一大堆線裝書放下，站在講台上，開始便說：「我們研究歷史，必須讀原始材料，要看第一手資料……」於是把所講授的課題寫在黑板上，更抄下一大段材料，注明出處。他要學生做的功課，是「資治通鑑尋源」，認為這是訓練

9　李學銘〈牟潤孫先生與新亞〉，載《誠明古道照顏色 —— 新亞書院 55 周年紀念文集》，頁 199-200。

學生的一種最佳方法，讀原始資料和知道材料出處，是研讀歷史入門的首要工夫。

蘇慶彬在文史系畢業時，牟潤孫對他說：「你應該繼續讀書深造，可在研究所做研究工作。」後來他考入研究所，修讀碩士課程，第一學期所裏列出一系列的典籍，要研究生仔細閱讀；到了第二學期，才選定研究題目。牟潤孫指導研究生選擇論文題目，應選擇小題目，訓練做些考史的入門工夫，不要選擇一些空洞的大題目。他認為治史，在考據、義理必須兼顧之外，詞章亦不可忽略，三者不缺，才能達到至高的境界。[10]

當時錢穆講學，由於他早已做過精密的考證工作，所以罕談考證，在課堂上多發揮議論，進入史學的另一階段，進行更深層的探討。錢穆和牟潤孫二人，正好為學生展示了史學研究進程的兩個階段。

丘為君、鄭欣挺、黃馥蓉編《牟潤孫先生學術年譜》（台北：唐山出版社，2015 年），以李學銘整理的〈牟潤孫教授編年事略〉為基礎擴大而成，附錄「牟潤孫著作分類索引」、「牟潤孫指導新亞研究所碩士生與論文一覽」、「牟潤孫的清代思想史研究與意義」，方便參考。

10　蘇慶彬著《七十雜憶 —— 從香港淪陷到新亞書院的歲月》，頁 329-332。

第十一章
嚴耕望：
中國政制史與歷史地理

生平事略和主要著述

　　嚴耕望以研究中國政治制度史和歷史地理著稱，長於考證，以歸納法排比史料，列述詳析。他的《治史經驗談》、《治史答問》和《錢穆賓四先生與我》，合稱「治史三書」，為史學界所推許，留傳甚廣。可見他畢生研究與教學並重，是一代良師。「工作隨時努力，生活隨遇而安」是嚴耕望的座右銘。

　　嚴耕望（1916-1996），字歸田。安徽桐城人。讀中學時，已對史學產生濃厚興趣。1941 年夏，畢業於武漢大學歷史系；在齊魯大學國學研究所從事研究兩年，受業於錢穆、顧頡剛門下。1945 年入「中央研究院」歷史語言研究所，隨「中研院」復員南京，後遷台北，職位升至研究員。[1]

---

1   廖伯源〈嚴耕望先生傳略〉，載《充實而有光輝 —— 嚴耕望先生紀念集》（台北：稻禾
　　出版社，1997 年），頁 199-235。

　　1964 年，嚴耕望應聘來港，任香港中文大學新亞書院高級講師及新亞研究所導師，至 1978 年退休。其間，於 1970 年當選為台北「中研院」院士。退休後任香港中文大學中國文化研究所研究員至 1981 年。1978 年，曾任新亞研究所代所長；1975 年至 1979 年，及 1983 年至 1996 年，兩度擔任新亞研究所教務長，繼續指導研究生。[2] 他指導的碩士、博士畢業生，多達四十人。

　　嚴耕望的著作，大多由「中央研究院」歷史語言研究所以專刊形式出版。早年有《兩漢太守刺史表》（1938 年，上海）、其後有《唐僕尚丞郎表》（1956 年，台北）；《中國地方行政制度史》是巨著，包括《秦漢地方行政制度》（1961 年）和《魏晉南北朝地方行政制度》（1963 年）；此外，晚年著有《唐代交通圖考》五冊（1985 年）。新亞研究所畢業生李金強說：「耕望師之史學，奠基於史料，故其研究創穫之光輝皆由史料而得。曾於課堂上自謂其歷年研究唐代交通路線後，最終發現了唐代的國界，此為其於唐史研究之發明。」[3] 從唐代交通探討人文地理，是他治史的另一方向。

研究領域和重大貢獻

　　概括地說，嚴耕望的中國政治制度史研究，主要由秦漢至隋

2　官德祥〈我印象中的嚴耕望教授〉，載鮑紹霖、黃兆強、區志堅主編《北學南移 —— 港台文史哲溯源・學人卷 II》，頁 71-83。

3　李金強〈新亞師友雜憶〉，《新亞論叢》第二十期（台北：萬卷樓圖書股份有限公司，2019 年），頁 490。

唐，對中央政制和地方政制，都有重要成績。歷史地理研究方面，
《唐代交通圖考》計劃中有十冊，只出版了前五冊，第六冊大致完
成，但尚未結集，後由門人李啟文整理成書。其餘四冊並未撰寫，
或僅一、二篇而已。較集中反映嚴耕望史學的論文集有兩種：

其一，是《唐史研究叢稿》（香港：新亞研究所，1969 年），
收論文十篇：（1）〈論唐代尚書省之職權與地位〉；（2）〈唐代府州
僚佐考〉；（3）〈唐代方鎮使府僚佐考〉；（4）〈括地志序略都督府管
州考〉；（5）〈唐兩京館驛考〉；（6）〈唐子午道考〉；（7）〈唐代成都
清溪南詔道驛程考〉；（8）〈唐人習業山林寺院之風尚〉；（9）〈新羅
留唐學生與僧徒〉；（10）〈舊唐書本紀拾誤〉。

其二，是《嚴耕望史學論文選集》（台北：聯經出版事業公司，
1991 年），收論文二十餘篇，包括〈夏代都居與二里頭文化〉、〈戰
國時代列國民風與生計 —— 兼論秦統一天下之背景〉、〈揚雄所記
先秦方言地理區〉、〈戰國學術地理與人才分佈〉、〈佛藏所記之稽
胡地理分佈區〉、〈佛藏所記之大地球形說〉等，以及〈中國中古史
入門書目〉。

在港期間著述不輟

嚴耕望撰述之勤、著作之多，從他在香港各大學報以至學生刊
物上發表的文章數量，不但可見一斑，他對本地學界的參與，亦可
從中得到充分的說明。據不完全統計，他在《香港中文大學中國文
化研究所學報》發表了十七篇論文，在《新亞學報》有十六篇，《新

亞書院學術年刊》有四篇，《中國學人》和《東方學報》各一篇，《新亞生活雙週刊》和《新亞月刊》共十一篇，《香港浸會學院歷史系會會刊》也有一篇，總計超過五十篇。

　　嚴耕望治史，一向規模宏大，《唐代交通圖考》十冊完成過半，實已難能可貴。此外，他為了撰寫《唐代人文地理》一書，搜集了大量相關資料，包括國疆、軍鎮、人口、都市、物產、民族、宗教、民風等，分類編列而成資料庫，仿顧炎武《天下郡國利病書》，為後來的研究者提供方便。又擬再由《唐代人文地理》擴大為《國史人文地理》，已撰成下列論文十二篇：（1）〈戰國學術地理與人才分佈〉，《新亞書院學術年刊》第十八期（1976年）；（2）〈唐五代時期之成都〉，《香港中文大學中國文化研究所學報》第十二卷（1981年）；（3）〈唐代成都寺觀考略〉，《大陸雜誌》第六十三卷第三期（1981年）；（4）〈戰國時代列國民風與生計：兼論秦統一天下之背景〉，《食貨月刊》第十四卷第九、十期（1985年）；（5）〈唐代戶口實際數量之檢討〉，《國學文獻館館訊》第九號（1985年）；（6）〈齊長城地理考略〉，《董作賓先生九五誕辰紀念集》（1988年）；（7）〈唐代北疆直接領轄之境界〉，《第一屆國際唐代學術會議論文集》（1989年）；（8）〈中國史上經濟文化之地理的發展〉，《浸會學院歷史系會會刊》第五期（1989年）；（9）〈南北朝三都人口數量之估測〉，《新史學》創刊號（1990年）；（10）〈南北朝時代五台山之佛教〉，《國故新知：中國傳統文化的再詮釋 —— 湯用彤先生誕辰百周年紀念論文集》（1993年）；（11）〈唐代長安人口數量之估測〉，《第二屆唐代文化研討會論文集》（1995年）；（12）〈元和

志戶籍與實際戶數之比勘〉，《中央研究院歷史語言研究所集刊》第
六十七本第一分（1996 年）。[4]

　　論者指出，中國歷代正史對於政治制度的記載，都詳於中央政
府而忽略地方，研究者也有類似的缺點，嚴耕望是第一位系統研究
中國地方行政制度的學者。[5] 在他的影響下，港台學者對此有較多的
注意。

嚴耕望「治史三書」

　　嚴耕望於 1981 年出版《治史經驗談》，1985 年出版《治史答
問》，1992 年出版《錢穆賓四先生與我》，均由台灣商務印書館出
版。這三本大師小著，合稱嚴耕望「治史三書」。[6] 自出版以來，即
成為歷史專業本科生和研究所學生的參考書，對年輕一代學人頗有
影響。嚴耕望推重的「前輩史學四大家」，是呂思勉、陳垣、陳寅
恪、錢穆，在這幾本著作中，都有精闢的述評。二十世紀中國新史

4　參閱李啟文補訂〈嚴耕望先生著作目錄〉，載《充實而有光輝 —— 嚴耕望先生紀念
　　集》，頁 951-272。並參廖伯源〈嚴耕望先生之學術成就〉，載香港中文大學歷史系系編
　　《貫古通今・融東會西 —— 扎根史學五十年》，頁 78-83。

5　陳其泰主編《20 世紀中國歷史考證學研究》（北京：北京師範大學出版社，2004 年），
　　頁 373。

6　嚴耕望此三書，簡體版有合印為一冊的，稱為《治史三書》（上海：上海人民出版社，
　　2016 年）；也有稱為《嚴耕望的治史三書》的，分別有台灣商務印書館和遼寧教育出版
　　社的繁簡體版。

學的殿軍，嚴耕望肯定是其中一人。

　　《治史經驗談》共有九篇：（1）〈原則性的基本方法〉；（2）〈幾條具體規律〉；（3）〈論題選擇〉；（4）〈論著標準〉；（5）〈論文體式〉；（6）〈引用材料與注釋方式〉；（7）〈論文撰寫與改訂〉；（8）〈努力途徑與工作要訣〉；（9）〈生活、修養與治學之關係〉。嚴耕望說，綜合這九篇文字，扼要言之，不外下列幾點：

　　原則上 —— 從大處著眼，從小處入手，以具體問題為先著，從基本處下功夫；固守一定原則，不依傍，不斥拒，能容眾說，隨宜適應，只求實際合理，不拘成規。

　　方法是 —— 堅定意志，集中心力，以拙為巧，以慢為快，聚小為大，以深鍥精細為基礎，而致意於組織系統化。

　　目標在 —— 真實，充實，平實，密實，無空言，少皇論，但期人人可以信賴，有一磚一瓦之用；若云文采，非所敢望，輝光則心嚮往之而已。他還強調要鍛鍊自己成為一個健康純淨的「學術人」，此實為學術成就的最基本條件。[7] 謂為夫子自道，亦曰得宜。

　　《治史答問》可視為《治史經驗談》的續編，內容共有二十一則，首先說明他研究歷史的興趣是怎樣引發的，他在學生時代的課外閱讀，他對政治制度史和歷史地理的興趣是怎樣引發的；接著闡述他的研究重心何以放在唐代，和他對於上古史考古學的興趣，等等。

7　〈序言〉，載嚴耕望著《治史經驗談》（台北：台灣商務印書館，1980 年），頁 1-5。

書中有一篇〈史學二陳〉，對陳寅恪和陳垣的學術成就加以評論；〈通貫的斷代史家 —— 呂思勉〉，指出呂氏的國學基礎極深厚，他的史學是建築在國學基礎上的，然而他的治史意趣並不保守。[8]

《錢穆賓四先生與我》分為兩篇：上篇〈錢穆賓四先生行誼述略〉，以錢穆的《八十憶雙親》與《師友雜憶》為素材，加以增補，參以他對錢穆治學之認識，貫串述之，以見錢穆治學意趣與人生境界。下篇〈從師問學六十年〉，首述小學、中學時代兩位老師，主要內容則在錢穆一人，是他治史經驗極重要的一環。[9] 此書既是錢穆傳敘，亦是嚴耕望的治學回憶錄。

一代學者的風範

嚴耕望是一位純粹的學者，從事教學和學術研究，終生不渝，一以貫之。他的言行和著作，有與現在的觀念十分貼合的一面；而在個人思想價值上，是個外圓內方的人物。晚年出版的「治史三書」，是了解嚴耕望學術以至研究近代學術思想史的重要文獻。 [10]

新亞研究所博士畢業生鄭永常到台灣成功大學歷史系任教，

8　嚴耕望著《治史答問》（台北：台灣商務印書館，1985 年），頁 80-98。

9　〈序言〉，載嚴耕望著《錢穆賓四先生與我》（台北：台灣商務印書館，1992 年），頁 1-3。

10　陳萬雄〈粹然一代學者的風範 —— 敬悼嚴耕望師〉，氏著、東莞市政協編《陳萬雄集》（廣州：廣東人民出版社，2015 年），頁 372-375。

嚴耕望對他說：「教學生活，頭一兩年勢必以全幅精神應付教學課程⋯⋯ 稍後便可以部分時間補充教材，大部分時間做自己研究工作，而研究工作自亦有助於課堂講授。」[11] 這是教學與研究的互動關係，是嚴耕望的經驗之談。

　　林磊撰《嚴耕望先生編年事輯》的代序，認為，「幾乎可以認為嚴氏心中的呂思勉實在也就是他自己的投影和化身」，「至於嚴氏中歲以後取西方現代社會科學之新觀點，以人文地理之視角對中國歷史作多方位、立體式的全面關照，則其境界與成效又較新史學四老更上一層」。[12] 以此之故，譽為新史學殿軍。

11　鄭永常〈我的兩位老師全漢昇教授和嚴耕望教授〉，《新亞論叢》第二十期，頁 530-531。

12　林磊〈嚴耕望的學術精神和史學取向〉（代序），載氏著《嚴耕望先生編年事輯》（北京：中華書局，2014 年），頁 8-10。

第十二章

全漢昇：
中國經濟史及近代社經

生平事略和主要著述

　　全漢昇的教研工作，集中於中國社會經濟，而於明清及近代經濟方面，尤多注意。全漢昇的論文，多刊於《中央研究院歷史語言研究所集刊》；他在新亞書院歷史系任教的科目，主要是「中國社會經濟史」和「中國近代經濟史」。

　　全漢昇（1912-2001），廣東順德人。廣州市立第一（廣雅）中學畢業後，入北京大學史學系，其間修習政治系教授陶希聖講授的「中國社會經濟史」，深感興趣。1935 年畢業，入「中研院」史語所為助理員。其後隨史語所輾轉西南及東渡台灣，研究重心移至明清及近代。

　　1965 年，全漢昇應聘到香港中文大學新亞書院任教；1972 年至 1975 年，及 1979 年至 1983 年，兩度任新亞研究所教務長。1975 年任新亞書院院長，兩年後退休。1983 年起，任新亞研究所

所長十一年。1984 年當選為「中央研究院」院士，到台灣新竹定居，後因病逝世，享年九十歲。[1]

全漢昇早年發表的論文〈中古自然經濟〉，是研究魏晉至唐代中葉貨幣演變的重要專著；《唐宋帝國與運河》，剖析大運河與唐宋兩代國運盛衰的關係。所撰論文百餘篇，輯為《中國經濟史論叢》第一、二冊（1972 年）及《中國經濟史研究》上、中、下三冊（1976年），均由新亞研究所出版。據不完全統計，全漢昇著述宏富，計有專書九種，論文一百一十六篇，此外還有書評、雜著等。[2] 其中有《漢冶萍公司史略》（香港：中文大學出版社，1972 年）一種，對漢冶萍公司在官辦、官督商辦及商辦各個時期的歷史作了詳細的研究，尤其注意其在財務方面與日本資本家的關係，具體地檢討了中國近代鋼鐵企業經營失敗的原因。[3]

近年坊間流通的全漢昇著作，有《中國社會經濟通史》（北京：京華出版社，2016 年）和《明清經濟史研究》（台北：聯經出版事業股份有限公司，2019 年第二版）。後者是「清華文史講座」講話內容，分為兩編：上編為「明清中外交通與貿易」，分述中國與葡萄牙、西班牙、荷蘭的交通與貿易，各為一講；下編為「清代經濟

1　何漢威〈全漢昇先生事略〉，載香港中文大學歷史系編《貫古通今‧融東會西 —— 扎根史學五十年》，頁 57-62。

2　何漢威〈全漢昇先生〉，載黃浩潮主編《珍重‧傳承‧開創：〈新亞生活〉論學文選》上卷，頁 169-170。

3　林啟彥著《中國近代史研究趨勢與書目提要：香港篇‧日本篇》（香港：香港浸會大學當代中國研究所，2014 年），頁 25。

概略」，包括〈人口與農業〉、〈貨幣與物價〉及〈近代工業化的歷史〉三講。

《中國經濟史論叢》

　　1972 年，全漢昇將三十三篇橫排的論文和書評，根據原來單行本影印，編成《中國經濟史論叢》兩冊，由新亞研究所出版。論文內容由唐代開始，主要集中於兩宋和明清時期，包括物價、貨幣、米價、人口，以及近代中國工業化運動等。這些論文，大多發表在《中央研究院歷史語言研究所集刊》和《中央研究院院刊》，也有一些刊登於《香港中文大學中國文化研究所學報》和《清華學報》上。（表 10）

表 10　《中國經濟史論叢》論文目錄

冊次	論文題目	發表刊物
第一冊	（1）唐宋時代揚州經濟景況的繁榮與衰落	《中央研究院歷史語言研究所集刊》（下稱集刊）第十一本
	（2）北宋物價的變動	《集刊》第十一本
	（3）北宋汴梁的輸出入貿易	《集刊》第八本第二分
	（4）宋代南方的虛市	《集刊》第九本
	（5）宋金間的走私貿易	《集刊》第十一本
	（6）南宋初年物價的大變動	《集刊》第十一本
	（7）南宋稻米的生產與運銷	《集刊》第十本

冊次	論文題目	發表刊物
	（8）南宋杭州的消費與外地商品之輸入	《集刊》第七本第一分
	（9）宋末的通貨膨脹及其對於物價的影響	《集刊》第十本
	（10）自宋至明政府歲入中錢銀比例的變動	《集刊》第四十二本第三分
	（11）元代的紙幣	《集刊》第十五本
	（12）明季中國與菲律賓間的貿易	《香港中文大學中國文化研究所學報》第一卷
	（13）明清間美洲白銀的輸入中國	《香港中文大學中國文化研究所學報》第二卷第一期
	（14）自明季至清中葉西屬美洲的中國絲貨貿易	《香港中文大學中國文化研究所學報》第四卷第二期
第二冊	（15）美洲白銀與十八世紀中國物價革命的關係	《集刊》第二十八本
	（16）清中葉以前江浙米價的變動趨勢	與王業鍵合著，《集刊外篇》第四種
	（17）清雍正年間（一七二三——三五）的米價	與王業鍵合著，《集刊》第三十本
	（18）乾隆十三年的米貴問題	《慶祝李濟先生七十歲論文集》
	（19）清朝中葉蘇州的米糧貿易	《集刊》第三十九本
	（20）清代的人口變動	與王業鍵合著，《集刊》第三十二本
	（21）鴉片戰爭前江蘇的棉紡織業	《清華學報》新第一卷第三期

冊次	論文題目	發表刊物
	（22）甲午戰爭以前的中國工業化運動	《集刊》第二十五本
	（23）清季西法輸入中國前的煤礦水患問題	《中央研究院院刊》第一輯
	（24）清季的江南製造局	《集刊》第二十三本
	（25）上海在近代中國工業化中的地位	《集刊》第二十九本
	（26）清季的貨幣問題及其對於工業化的影響	《中央研究院院刊》第二輯
	（27）山西煤礦資源與近代中國工業化的關係	《中央研究院院刊》第三輯
	（28）近代四川合江縣物價與工資變動的趨勢	與王業鍵合著，《集刊》第三十四本上冊
	（29）從徐潤的房地產經營看光緒九年的經濟恐慌	《集刊》第三十五本
	（30）評楊聯陞：《從經濟方面看中國在統一帝國時代的公共工程》	《香港中文大學中國文化研究所學報》第二卷第一期
	（31）評崔維澤（D.C. Twitchett）教授對於唐代財政史的研究	《集刊》第三十六本下冊
	（32）評普利白蘭克（Edwin G. Pulleyblank）：《安祿山叛亂之背景》	《清華學報》新第一卷第二期
	（33）評費慰愷（Albert Feuerwerker）：《中國早期工業化：盛宣懷與官督商辦企業》	《清華學報》新第五卷第一期

《中國經濟史研究》

　　繼《中國經濟史論叢》之後，全漢昇於 1976 年將直排的論文及專刊二十一種，編為《中國經濟史研究》三冊，由新亞研究所出版。當中包括他早期出版的代表性著作，如〈中古自然經濟〉和《唐宋帝國與運河》，及後期在《新亞學報》、《新亞書院學術年刊》及《新亞生活雙週刊》上發表的論文等。（表 11）

表 11　《中國經濟史研究》論文目錄

冊次	論文題目	發表刊物
上冊	（1）中古自然經濟	《中央研究院歷史語言研究所集刊》（下稱集刊）第十本
	（2）唐代物價的變動	《集刊》第十一本
	（3）唐宋政府歲入與貨幣經濟的關係	《集刊》第二十本
	（4）唐宋帝國與運河	「中央研究院歷史語言研究所專刊」
中冊	（5）宋代官吏的私營商業	《集刊》第七本
	（6）宋代寺院所經營的工商業	《國立北京大學四十周年紀念論文集》
	（7）宋代廣州的國內外貿易	《集刊》第八本
	（8）略論宋代經濟的進步	《大陸雜誌》第二十八卷第二期
	（9）宋明間白銀購買力的變動及其原因	《新亞學報》第八卷第一期

	（10）明代的銀課與銀產額	《新亞書院學術年刊》第九期
	（11）明清時代雲南的銀課與銀產額	《新亞學報》第十一卷上冊
	（12）明代北邊米糧價格的變動	《新亞學報》第九卷第二期
下冊	（13）美洲發現對於中國農業的影響	《新亞生活雙週刊》第八卷第十九期
	（14）近代中國的工業化	《新亞生活雙週刊》第九卷第十五期
	（15）漢冶萍公司之史的研究	《中國現代史叢刊》第二冊
	（16）清末漢陽鐵廠	《社會科學論叢》第一輯
	（17）從貨幣制度看中國經濟的發展	《中國文化論集》第一輯
	（18）清季鐵路的官督商辦制度	《科學季刊》第三卷第二期
	（19）清季英國在華勢力範圍與鐵路建設的關係	《社會科學論叢》第五輯
	（20）清季鐵路建設的資本問題	《社會科學論叢》第四輯
	（21）鐵路國有問題與辛亥革命	《中國近代史叢刊》第二冊

　　全漢昇的論著，至今仍備受注意，近刊《中國經濟史研究（一）、（二）：全漢昇經濟史著作集》（北京：中華書局，2011 年），強調全漢昇是中華經濟史學科的開拓者之一。尤應指出，他晚年對大航海時代中西海洋貿易的研究，是海洋史研究的先導，具有啟發意義。[4] 學界應該對他為數眾多的論文，進一步作更全面、更深入的探討。

4　鄭永常〈我的兩位老師全漢昇教授和嚴耕望教授〉，《新亞論叢》第二十期，頁 527。

教學和研究特色

農圃道時代歷史系畢業生何漢威是全漢昇的入室弟子，他指出：「先生居港卅載期間，尤集中於探研明中葉以還，中、西、日、葡、荷之貿易關係及金銀比價諸問題。明中葉以降約四百年間，中國幣制堪稱為銀銅複本位制；先生之研究尤著重於期間之貨幣供給，藉以明了幣制發展，嘗發表〈明季中國與菲律賓貿易〉、〈明代的銀課與銀產額〉、〈清代雲南的銅礦工業〉及〈明中葉後中國黃金的輸出貿易〉等重要論文多篇。透過先生從貨幣、物價、國內貿易等多面性深入探討，吾人因得以對清代整一經濟體系之演變面貌，認識更為完整。」[5] 全漢昇對明清經濟史研究的貢獻，大抵於此可見。

何漢威說：「先生木訥寡言，兢兢自守，生活簡樸，身體素健。」[6] 新亞研究所畢業生楊永漢對全漢昇在所內講授的情形，有以下較詳細的描述：「老師課堂主要是開在星期六早上，選修人數約十多人，用國語授課，討論時則用粵語。小息後，老師會與我們討論問題，每條問題，老師都細心作答，有時眉頭緊蹙，有時微露笑顏，但大部分時間老師都不苟言笑。」同學們通常是一或兩星期會

5　何漢威〈中央研究院院士全漢昇先生事略〉，《誠明古道照顏色 —— 新亞書院 55 周年紀念文集》，頁 168。

6　同上注。

向老師請益，討論完畢，一班同學會和老師午飯。[7]

修讀過全漢昇任教科目的學生，大多對西班牙大帆船和美洲農作物番薯等留有深刻的印象，有時甚至引為課餘大家閒談之資；殊不知這兩者對明清以來的中國，影響是非常深遠的，生活在工商業社會的城市年輕人未必領略其重要性。在新亞書院成立七十周年之際，全漢昇的弟子黃浩潮主編《新亞生活》論學文選，就選了 1966 年全漢昇的一篇演講，當中提到：「如果把農業發展的歷史考察一下，我們可以知道，自新大陸發見〔現〕後，由於美洲農作物品種的傳播，中國的土地利用曾經發生很大的變化，中國的糧食生產曾作大量的增加。原來在歐亞舊大陸沒有出產的農作物，如番薯、玉蜀黍、花生、煙草等，都源出於美洲，自後者被發見〔現〕後，才漸漸傳播到舊大陸去。」中國到了十六世紀左右，也輾轉輸入這些農作物的品種，其中尤可當作糧食的番薯和玉蜀黍，因為能夠在其他穀物不易生長的土地上普遍種植起來，有助於糧食供應量的增加，從而養活了較前增多的人口。明朝末葉，番薯已經在福建、廣東種植以濟饑荒；中國原先還沒有墾闢的生地、貧瘠的沙土、原始的森林，都因此而開發耕植。[8] 以小見大，在生活日常中看社會經濟，此文從所述內容到行文語調，在在反映了全漢昇教學和研究的特色。

7　楊永漢〈憶新亞研究所師友情誼〉，《新亞論叢》第二十期，頁 504-505。

8　全漢昇〈美洲發見對於中國農業的影響〉，載黃浩潮主編《珍重‧傳承‧開創：〈新亞生活〉論學文選》上卷，頁 171-183。

第十三章

王德昭：
西洋史與中國近代思想

生平事略和主要著述

　　香港中文大學成立後，因應新亞書院歷史系增強師資陣容，鞏固西洋歷史方面的教學，王德昭應聘來港。主要講授的科目，除「西洋文化史」、「歐洲近代史」外，前期以「史學方法論」和「中西交通史」為主，後期開設「近代中國思想史」、「近代中外關係史」等。

　　王德昭（1914-1982），浙江嘉興人。1934 年入北京大學歷史系，後於西南聯合大學畢業。1942 年在國立貴州大學任教，1947年到台灣師範大學歷史系任教，1962 年到南洋大學歷史系任教，後兼系主任、文學院院長等職。1966 年到香港中文大學新亞書院歷史系任教，1970 至 1972 年，任新亞研究所教務長，其後轉到聯合書院歷史系，講授「中國近代史」、「史學方法論」等科目，並擔任香港中文大學歷史系系主任、香港中文大學文學院院長、中國文化

研究所副所長。曾主編《香港中文大學學報》及《香港中文大學中國文化研究所學報》，晚年專注的一項研究工作，是清代科舉制度研究。[1]

《清代科舉制度研究》（香港：中文大學出版社，1982 年）除闡述清代科舉制度本身的情況外，亦致力於探究其意義和影響，對清代思想的演變尤多措意。此書凡二十萬字，是王德昭晚年的力作。內容分為五個專題：（一）明清制度的遞嬗；（二）清代的科舉入仕與政府；（三）科舉制度下的教育；（四）科舉制度下的民風與士習；（五）新時勢、新教育與科舉制度的廢止。王德昭出版的第一本書是《明季之政治與社會》（重慶：獨立出版社，1942 年），前後相距四十年，足以印證一位潛心歷史研究而又關懷現實社會的學者，在中國自明末以來的歷史經驗中，為探求國家民族的出路所作出的努力。[2]

中國近代史研究

王德昭在港任教期間，撰寫了多篇關於近代中國史事和人物的論文：載於《香港中文大學中國文化研究所學報》的，有〈知識分

1　陳萬雄〈德昭師的為學與做人〉，載香港中文大學歷史系編《貫古通今・融東會西 —— 扎根史學五十年》，頁 85-94。

2　周佳榮〈從《明季之政治與社會》到《清代科舉制度研究》：我所認識的王德昭師〉，載《王德昭教授史學論集》（香港：《王德昭教授史學論集》編輯委員會，1985 年），頁 172-176 年。

子與辛亥革命〉（第四卷，1971 年）、〈清代的科舉入仕與政府〉（第十二卷，1981 年）等；在《香港中文大學學報》發表的，有〈譚嗣同與晚清政治運動〉（第二卷第一期，1974 年）；載於《新亞書院學術年刊》的，有〈黃遵憲與梁啟超〉（第十一期，1969 年）。這些論文，大多收入《從改革到革命》（北京：中華書局，1987 年）一書之中。（表 12）

表 12　《從改革到革命》論文目錄

論文題目	發表刊物／研討會
黃遵憲所見之日本	中日文化交流國際研討會論文（香港，1979）
黃遵憲與梁啟超	《新亞書院學術年刊》第十一期（1969）
譚嗣同與晚清政治運動	《香港中文大學學報》第二卷第一期（1974）
晚清的教育改革與科舉制度的廢止	《清代科舉制度研究》中之一篇
清季一個知識分子的轉變 —— 秦力山研究	《紀念辛亥革命七十周年學術討論會論文集》（1981）
知識分子與中國同盟會	孫中山和辛亥革命國際學術討論會論文（廣州，1979）
五四運動對於孫中山革命思想之影響	《香港中文大學學報》第五卷第一期（1979）
第一次聯俄聯共對於孫中山革命思想的影響	Leverhulme 國際學術討論會論文（1979）
孫中山民族主義思想的最後發展	亞洲歷史學家會議論文（曼谷，1977）

　　《從改革到革命》在王德昭逝世後才出版，書首有王夫人撰〈王德昭教授之生平事略〉，所述甚詳，並有一段總結性的說話：

　　　德昭一生，勤於研讀及著述。在一九三六年初，已在《東方雜誌》及《時事類編》等發表文章。在大學任教近四十年，對學生之學業，無不盡心指導，關懷備至。待人忠摯誠懇，凡師友有所委託，必全力以赴，徹底趕辦。原擬於完全退休之後，再以全副精神整理自己歷年之讀書札記、研究心得編印成書，作為對學術之貢獻。孰料天不假年，驟然棄世，未竟其志！ 3

　　孫思白〈追念王德昭教授〉一文指出，王德昭精通英、法、日語，漢語根底也好，他在中西歷史方面都具有深厚基礎，亦在中西交通史上下過一番工夫，其後的研究重點是甲午到五四期間的政治與文化思想，孫中山思想更是他研究近代史的核心。中華書局把他的譯作印成專集問世，是很值得的一件事。 4

　　《從改革到革命》第七、八、九篇論文，原用英文撰寫，由他的學生翻譯成中文。全書旨在突出近代中國政治過程的主要特徵是

3　王陳琬〈王德昭教授之生平事略〉，載王德昭著《從改革到革命》（北京：中華書局，1987 年），頁 3。

4　孫思白〈追念王德昭教授〉，載王德昭著《從改革到革命》，頁 5。

知識分子救亡圖存的奮鬥過程，從改革到革命是歷史的必由之路。[5]
其實王德昭研究中國近代史由來已久，他早年已發表專論〈同治新
政考〉上、下，載《文史雜誌》第一卷第四、五期（1941 年）；另
有〈甲午戰爭前中國處理朝鮮「壬午事變」之經過〉，載《真理雜誌》
第一卷第三期（1944 年）。其後的〈醫人與醫世：黎剎與孫中山〉，
載《傳記文學》第七卷第五期（1965 年），對二人的異同作了比較。
黎剎（Jose Rizal）被尊為菲律賓國父，他力陳恢復和保持本身民族
特性的重要性。

　　在香港中文大學新亞書院和聯合書院任教期間，王德昭多次公
開演講，均以中國近代史人物與史學為題，計有〈太平天國史解釋
舉隅〉、〈近百年來中國文化的處境及其展望〉、〈近代中國之趨向
── 自西力東漸至甲午戰爭之中國（1842-1894）〉、〈民初十年間
思想之概況〉、〈孫中山的聯俄政策及其對中國革命的影響〉、〈新
文化運動時期的陳獨秀〉、〈辛亥革命研究的新動向〉等，均見《王
德昭教授史學論集》。

　　另有兩篇重要的論文：其一是〈論甲午援韓〉，載《新亞學
報》第十卷第一期（1971 年），力陳甲午戰爭乃日本所迫成，見解
精闢；另一是〈從世界史看中國史〉，載《大公報在港復刊卅周年
紀念文集》下卷（香港：《大公報》，1978 年），從世界歷史的角度
來論述中國史進程，有宏觀的視野。王德昭常應邀作專題演講，講

5　林啟彥著《中國近代史研究趨勢與書目提要：香港篇・日本篇》，頁 39-40。

詞發表於《新亞生活雙週刊》、《新亞書院歷史學系系刊》、《史潮》等刊物，後由門生輯為《王德昭教授史學論集》（1985 年），此書還包括序跋雜著和孫思白、宋海文、李宗瀛、林啟彥、陳建熊、郭少棠、陳萬雄、周佳榮的紀念文章。

西洋史與中外交通

王德昭擅長西洋史，著有《文藝復興》（台北：中華文化出版事業委員會，1953-1954 年），譯有布林頓（Crane Brinton）著《西洋思想史》（台北：正中書局，1963 年）。課堂講義，編為《西洋通史》（香港：商務印書館〔香港〕有限公司、台北：五南圖書公司，1987 年）。王氏於中西交通史用力甚深，多所著述，主要論文如〈馬基雅弗里與韓非思想的異同〉，載《新亞書院學術年刊》第九期（1967 年）；〈服爾德著作中所見之中國〉，載《新亞學報》第九卷第二期（1970 年），並有書評、書評論文多篇。後由弟子編為《歷史哲學與中西文化》（香港：商務印書館〔香港〕有限公司，1992 年），王德昭史學的規模可得其梗概。

學界於孫中山生平及其思想學說，研究著述之多，實在不可勝數，王德昭早期的兩篇專論，分析同盟會時期至五四運動前的孫中山思想，是其中的表表者，合為《孫中山政治思想研究》（香港：商務印書館〔香港〕有限公司，2011 年）。另有英文論著譯成中文後，收入《從改革到革命》一書之中。這些論著指出孫中山的思想，有繼承於傳統、吸收西方和出於自己創造三方面。把孫中山一

生思想變遷分成幾個階段，逐一加以縷析，從而合成一個完整的孫中山思想研究，闡明孫中山的三民主義思想何以超越群倫。[6] 王氏諸篇具體指出孫中山思想與西方學說的關係，尤為一般論者所不及。

對歷史教學的重視

　　王德昭在香港培養的學生，以西洋史和中國近代史兩者居多；他早年編著的《怎樣教歷史》（台北：正中書局，1951 年），對本地的歷史教學頗有影響。此書論述有關歷史教學的問題，簡明扼要，〈前言〉以下，首先探討歷史的領域，指出歷史是研究事實的科學，究明歷史教學的宗旨；接著講解事實如何選擇和排比、事實的敘述，然後分析歷史中的「常」和「變」，文化史應怎樣講授等等。

　　談到歷史教學的價值問題，書中列出六點：第一，歷史教學保存了人類過去的知識和經驗。第二，從對過去的認識中，歷史教學幫助我們了解現在。第三，對現在的了解是對現實行為的最正確的指導，因而歷史教育也指導未來。第四，歷史教學足以健全心智，其一是進步精神的培植，其二是觀察力和判斷力的增進，其三是人格的開拓。第五，歷史教學供給治學以必需的知識基礎。第六，是歷史教育在發揚民族意識上所發生的重大作用。錢穆《國史大綱》卷頭語曾謂，不知國史，「最多只算一有知識的人，不能算一有知

6　林啟彥〈香港地區中國近代史研究的先驅 —— 王德昭教授〉，載《香港中國近代史學報》
　　第三期（2005 年），頁 112-113。

識的國民」。因為唯有普遍的歷史知識，才使人意識到民族的特立的存在，即所謂「於一同中見諸異」，「於諸異中見一同」。王德昭進而指出：「同樣，歷史知識也使我們明了今日的國際形勢、文化狀況和民族處境，從而使我們知所自處，無背於時代的趨向。」[7]

王德昭為教學付出大量心力，做到身體力行的地步。所開設的課程，內容質量都極高，充實而富啟發性，此乃受業者所共知。其講授筆記向為學生珍視，可見一斑。據陳萬雄憶述，王德昭授課時，講義攤在面前，大部分時間卻是望向學生，聲調鏗鏘，輔以輕輕的手勢，別具風采。「講授時談吐接近文體化，分析評論史事時，遣詞用字尤見講究。從黑板的兩邊向中間，依著講授進程，整整齊齊寫上難聽得懂的中、英文字句。一切都是那麼認真，那麼有條理。」他習慣在課前的一晚和上課前，都要花一兩小時細心閱讀自己已準備好的講義，上課時便能出口成誦。其用意是在有限的授課時間內，使學生得到最大的受益，這種嚴肅負責的教育態度，真是難能可貴。[8]

王德昭講授歷史時，常引述湯恩比的觀點，強調文明興衰取決於其社會文化，而文化的生命力則發揮著創造文明的作用。王氏的一個治學特點，是將中西文化作橫向比較，藉此擴闊讀者的眼光，從世界視野看中外歷史進程。

---

7 王德昭著《怎樣教歷史》（台北：正中書局，1951 年；1971 年第九版），頁 58-65。

8 陳萬雄〈德昭師的為學與做人〉，載《王德昭教授史學論集》，頁 165-167。

第十四章

陳荊和：
日本史及東南亞研究

生平事略和研究重點

　　新亞書院文史系開辦之初，課程以中國研究為主，輔以西洋歷史。既以「新亞」為名，亞洲研究自亦不可忽視，新亞研究所聘陳荊和主持東南亞研究室，在當時是創舉，陳氏在歷史系開設「日本史」和「東南亞史」，使系中課程更臻完善。

　　陳荊和（Chingho A. Chen, 1917-1995），原籍福建漳州，生於台灣台中市。在日本接受小學、中學教育，入慶應義塾大學史學系，後在越南進修東南亞史。任教於台灣大學、越南順化大學、西貢大學及大叻天主教大學，1962 年來港，在新亞研究所從事東南亞研究。在此之前，他已在《新亞學報》發表論文，計有〈十七、十八世紀之會安唐人街及其商業〉（第三卷第一期，1957 年）、〈承天明鄉社與清河〉（第四卷第一期，1959 年）及〈清初鄭成功殘部之移殖南圻〉上（第五卷第一期，1960 年），下篇於來港後續刊於

第八卷第二期（1968 年）。[1]

早在 1960 年代初，陳荊和已編印《十七世紀廣南之新史料：〈海外記事〉》（台北：中華叢書委員會，1960 年）；又有《阮朝硃本目錄》第一集（嘉隆朝）、第二集（明命朝）及《黎崱〈安南志略〉校定本》，由越南順化大學出版（1960-1961）。

陳荊和在順化大學任教期間，對明清之際朱明遺民流寓越南建立的華裔社區「明香社」（意即維持明朝香火，後來改稱「明鄉社」）有開創性的研究，來港後出版了《承天明鄉社陳氏正譜》（香港：新亞研究所，1964 年）一書。

成立東南亞研究室

陳荊和主持的東南亞研究室，總共出版了五種研究專刊和兩種史料專刊；香港中文大學成立後，有關方面的專著，多由中文大學出版社印行。（表 13）《十六世紀之菲律賓華僑》是陳荊和的代表作，此書收集他歷年發表關於菲律賓華僑史研究的論文，探討西屬菲律賓時期中菲貿易的出現，內容並及西屬初期對華僑的管治以及菲華的動態。其後此書另有英文版在日本東京出版。[2] 1977 年至 1981 年間，陳荊和轉任香港中文大學日文系（後改為四國語言系日文組）系主

1　周佳榮〈陳荊和傳略〉，載黃浩潮主編《珍重‧傳承‧開創：〈新亞生活〉論學文選》上卷，頁 282。

2　Ching-ho Chen, *The Chinese Community in the Sixteeth Century Philippines* (Tokyo: The Centre for East Asian Culture Studies), 1968.

任，兼中國文化研究所所長，其間，仍致力整理越南史料。1981 年至 1993 年間，陳氏任職日本創價大學，擔任教育學部、教育與文化研究中心特任教授，1986 年起出任亞洲研究所所長，任內曾到北京大學講學。《校合本・大越史記全書》（上、中、下冊）及《校合本・大越史略》兩種重要的越南史書，陳氏均於日本完成校訂，先後於 1984 年和 1987 年出版，為越南史研究作出了重大貢獻。[3]

表 13　陳荊和在香港編印的著作

叢書名稱	編著者 / 書名 / 出版年份
東南亞研究專刊 （新亞研究所出版）	（1）鄭懷德著《艮齋詩集》（1962 年） （2）陳荊和著《十六世紀之菲律賓華僑》（1963 年） （3）呂士朋著《中越關係史》（1964 年） （4）陳荊和編著《承天明鄉社陳氏正譜》（1964 年） （5）Kani Hiroaki, *A General Survey of the Boat People in Hong Kong* 可兒弘明著《香港艇家的研究》（1967 年）
東南亞史料專刊 （新亞研究所出版）	（1）潘叔直輯《國史遺編》（1965 年） （2）宋福玩、楊文珠輯《暹羅國路程集錄》（合編，1966 年）
其他專著 （香港中文大學出版部、出版社出版）	（1）《嗣德聖製字學解義歌譯註》（1971 年） （2）《新加坡華文碑銘集錄》（與陳育崧合編，1972 年） （3）《阮述〈往津日記〉》（1980 年）

3　周佳榮〈陳荊和及其東亞史研究〉，載《香港中國近代史學報》第三期（2005 年），頁 121-130。

　　《大越史記全書》是越南黎朝（後黎朝，1428-1789）史官吳士
連等撰修的編年體正史，基於《大越史記》及《史記續編》兩種著
作編成；1665 年范公著奉命續修《大越史記全書》，增加《本紀實
錄》及《本紀續編》；至 1697 年，黎僖撰成《本紀續編追加》，又
增 1662 年至 1675 年黎玄宗、黎嘉宗兩朝實錄，成為《大越史記全
書》的最後修訂本，至此全書遂告完成，頒行天下。除最初的刻本
外，西山朝（1778-1802）、阮朝均有版刻或復刻；1885 年日人引
田利章在日本以活字印刷，成為通行本，但錯漏頗多，引起不少疑
問。陳荊和編校的《校合本‧大越史記全書》，以不同版本互校，
並加標點和注解，對研究者最稱便利。[4]

　　另一本由陳荊和編訂的《校合本‧大越史略》，1987 年由創價
大學亞洲研究所出版。《大越史略》又名《越史略》，是越南最早的
編年體史書，撰者不詳（有人認為作者是胡宗鷟），大約是陳朝昌
符年間（1377-1388）的著作。共有三卷，從傳說時代起敘，而於李
朝（1010-1225）史事記述特詳，與《大越史記全書》同為考察越南
李朝及前此史事的基本材料。但該書在越南國內已失傳，流傳於中
國，收入中國的《四庫全書》，此外亦見於其他叢書載錄。[5]陳荊和
編校的《校合本‧大越史記》，是現行最完整的版本。

　　陳荊和早年的越南史研究，從字音訓詁著手，又運用民俗學、

4　周佳榮〈越南漢文史籍解題〉，載氏著《亞太史研究導論》（香港：利文出版社，1999
　　年），頁 84-85。

5　同上注，頁 85-86。

歷史語言學、南亞地區的神話研究，為有關方面增添了不少新看法。他對華僑史的研究，則透過田野和考古調查，補文獻材料的不足，開啟了治史的多樣門徑。二十世紀下半葉，越南歷盡戰火災劫，陳荊和為史料、史籍的保存和整理付出了巨大努力，尤為難能可貴。[6]

錢穆談南洋研究

《艮齋詩集》書首有錢穆的發刊辭，指出「現在的世界，正走上了一條劇變的路。從前隔別的各地區，現在是親若比鄰了。從前分散的各民族，現在是快將成為天下一家了。從前各地區各民族的歷史文化傳統，各不相知，現在是急切地要求交融合流，匯而為一了」。接著他認為：

> 從前中國人，常把中國文化認為世界的中心，現在此種古老觀念，我們中國人把它久已放棄了。近幾百年來的西歐人，也認為他們的文化是舉世獨尊的，現在此種觀念，他們也將不能繼續保持了。我們該根據以前各民族的舊歷史來發揚此下世界人類的新精神，我們也該根據此下世界人類的新精神來探求以前各民族的舊歷史。

6　區顯鋒〈陳荊和對越南史研究之貢獻〉，載周佳榮、范永聰主編《東亞世界：政治‧軍事‧文化》（香港：三聯書店〔香港〕有限公司，香港浸會大學當代中國研究所，2014年），頁367-386。

　　對於東南亞地區，錢穆強調「中國人在南洋各地，在以往歷史上，有他們甚大的貢獻，在此後南洋各地之前瞻中，中國人也有其甚高之地位。我們將針對著世界新潮流來研究南洋各地的舊歷史，我們也將把研究南洋各地中國人以往的舊歷史來配合和追隨此世界將來的新潮流。我們的用力點雖偏限於南洋各地中國人的歷史之這一面，但我們的著眼點則決不限止於此。我們以中國人的身份來研究南洋各地的舊歷史，但我們並不採取一種狹義的民族觀。我們只求如實探討，如實發現；我們的研究，將分別為兩部門，一部門偏重於現實情況，凡屬南洋各地各民族、文化、學術、政治、經濟、社會情況亦在探討研究之列，另一部門偏重於歷史經過，則分量上當以偏重於華僑史者為多。我們只盼望根據此兩部門之研究所得，來對南洋之將來以及對全世界的潮流所趨有貢獻。」

　　在序言末尾，錢穆說：「我們將絡續以研究所得公之世人，有些是我們自己的新研究，有些則是以前的舊材料。只要有可供大家研究參考的，我們也將絡續搜集發刊，以廣流傳，這是我們從事於南洋研究的宗旨所在，特地寫出，作為我們此後刊布研究論文及翻印古籍之序言。」[7] 錢穆這篇序，實亦可以視為開展東南亞研究的宣言。

7　錢穆〈東南亞研究專刊發刊辭〉，載鄭懷德著《艮齋詩集》（香港：新亞研究所，1962年）。按：此序未見收入《新亞遺鐸》之中，特全文引錄，以資保存。

別開生面的教學方式

陳荊和是一位嚴肅中見親切的教授，上課時的態度十分認真，一班同學都覺得他的舉止像日本人，有時會把上課的一些趣事引為笑談。上「日本史」課，學生聽到大堆陌生而古怪的日本詞彙，似明非明，陳荊和不厭其詳地加以講解，學生則儘量把內容記錄下來。有一次，學年結束之際，他帶了紙杯和日本茶包到課室，親自為每個學生沖一杯茶，然後繼續上課。為研究生開設的「日本史專題」，除了講述他的心得之外，還指定研究生閱讀英文和日文著作，甚至要研究生輪流逐段逐句譯解。初時大家覺得有些困難，但確實是一種很有用的訓練方法。這是日本大學裏慣常進行的「演習」，與現時本地大學的「導修」形式不同。[8]

陳荊和的東南亞史著述較專，論文題目和書名往往令學生摸不著頭腦，亦很少人留意他在國際學術界的地位。相對於主流的中國史來說，「日本史」和「東南亞史」算是「冷門」科目，真正有興趣的學生雖然不多，但陳氏的學養和專長，無疑為「新亞史學」添上了新氣象，使學生的視野由中國擴大到亞洲。

歷史學家曹永和指出，雖然台灣學界對陳荊和多所忽略，但他的東南亞史——特別是越南史研究，在台灣史學界應該有特別的地

---

[8]　周佳榮〈師門十年記——陳荊和教授與我〉，載陳方正主編《與中大一同成長》（香港：香港中文大學中國文化研究所，2000 年），頁 202-204。

位。[9] 這番話大概也適合於香港史學界，本地學者對陳荊和大量的學術論著，以及他在史料整理方面取得的成就，顯然是相當忽略的。在海洋史研究日漸興起的年代，在「一帶一路」的倡導逐漸落實的今日，陳荊和留下來的學術成果，是十分珍貴並需加以珍惜的。

9　曹永和〈百年來的台灣學術發展〉，載莊永明總策劃《學術台灣人》（台北：遠流出版事業股份有限公司，2002 年），頁 11。

第十五章

孫國棟：
出任新亞研究所所長

新亞歷史系系主任

　　孫國棟繼牟潤孫之後，出任新亞書院歷史系系主任多年，他是錢穆等大師培養出來的第一代畢業生，擅長中國政治制度史和唐宋史。其後擔任新亞中學校監和新亞研究所所長，為弘揚新亞精神作出了努力和貢獻。談論新亞精神的人不少，能像孫國棟那樣身體力行的人卻不多。

　　孫國棟（1922-2013），祖籍廣東番禺。因景仰宋代愛國詞人辛棄疾（號稼軒居士），而以「慕稼」為號。1957 年新亞研究所畢業後，留校任教。講授科目包括「中國通史」、「隋唐史」、「中國政治制度史」及「資治通鑑」等，「中國通史」以錢穆的《國史大綱》為教材，要求學生提交的讀書報告，包括錢氏的《中國歷代政治得失》、《中國思想史》、《宋明理學概述》等。

　　孫國棟的學術論文，載於《新亞學報》的，有〈唐代三省制之

發展研究〉（第三卷第一期，1957 年）、〈唐宋之際社會門第之消融〉
（第四卷第一期，1959 年）等；載於《新亞書院學術年刊》的，有
〈北宋農村戶口多少問題之探討〉（第二期，1960 年）、〈唐貞觀永
徽間黨爭試釋〉（第七期，1965 年）、〈從北宋農政之失敗論北宋地
方行政之弱點〉（第八期，1961 年）等；載於《中國學人》的，有
〈晚唐中央政府組織的變遷〉（第一期，1970 年）及〈宋代官制紊亂
在唐制之根源〉（第三期，1971 年）。

唐宋史研究的成果

　　上述論文都收入《唐宋史論叢》（香港：龍門書店，1980 年）
中，共有九篇；後又加入〈讀兩《唐書・李渤傳》書後〉及〈唐代
中央重要文官遷轉時間與任期的探討〉兩篇，由香港商務印書館出
版增訂本。此書另有上海古籍出版社 1990 年簡體字版，再增〈《唐
書・宰相表》初校〉一篇。[1] 大抵來說，孫國棟的唐宋史研究，以唐
代政治與政制為重心，兼及唐宋之際的政治和社會，同時亦注意到
有關人物的活動。李金強指出：「國棟師為唐史專家，亦為本港華
文史學界首先以計量方法研究唐宋之政治及社會史之學者，其《唐
宋史論叢》一書，可見其研究之功力。」[2]

1　〈出版說明〉，載孫國棟著《唐宋史論叢》（上海：上海古籍出版社，2010 年）。

2　李金強〈新亞師友雜憶〉，《新亞論叢》第二十期，頁 492.

　　《唐宋史論叢》中尚有兩篇論文應予注意，其一是〈從《夢遊錄》看唐代文人遷官的最優途徑〉，載《東方文化》第十卷第二期（1972年），利用當時的小說所載升官圖來論述《夢遊錄》的年代；其二是〈唐代中書舍人遷官途徑考釋〉，載《錢穆先生八十歲紀念論文集》（香港：新亞研究所，1974年），此文兼論唐代中央政府組織的變遷與職權的轉移。至於〈唐宋之際社會門第之消融〉乃利用統計方法，指出中晚唐時期，門第仍為政治上的核心；至北宋時，沒有家庭背景、考科舉出身的士人始成為政治上的中堅。[3]

　　孫國棟著《唐代中央重要文官遷轉途徑研究》（香港：龍門書店，1978年）運用圖表說明著者的觀點，以大量統計指出問題的根源，為唐代中央文官制度的研究另闢蹊徑。此書與《唐宋史論叢》中的論文互相參照並讀，可以對相關史事有更明晰的理解。

　　孫國棟的門生趙雨樂指出，孫氏的唐史研究，不單為制度史的靜態觀察，他對官僚制度裏的中央政府人物活動，以及士人群體的地位和待遇，均具深刻的描畫；他論述官職的變遷、人物的升沉、階級的消融等，均涉及唐宋變革的重要理念，其研究業績因而受到唐宋變革論者的重視，可與日本、歐美學者的觀點互相比照。[4]

3　劉健明、呂振基〈四十年來香港的隋唐五代史研究〉，載周佳榮、劉詠聰主編《當代香港史學研究》（香港：三聯書店〔香港〕有限公司，1994年），頁208-209。

4　趙雨樂〈唐宋史研究的傳承與拓展：以孫國棟師的史學為觀察中心〉，載香港中文大學歷史系編《貫古通今·融東會西──扎根史學五十年》，頁104-113。

致力推動歷史教育

孫國棟早年畢業於重慶國立政治大學，1949 年來港，曾任職嶺東中學，投稿《人生》雜誌，為該刊創辦人王道所賞識，任為編輯，亦因此而認識了錢穆、唐君毅等大師，入新亞研究所進修。[5] 除學術專著外，另有雜文、隨筆等結集《強烈的生命》等；他編著的《中國歷史》教科書，廣泛為香港的中學所採用，在 1960 年代至 1980 年代中，風行二十多年。這套教科書由錢穆擔任顧問，內容亦多參考錢穆著《國史大綱》的一些觀點，作相應程度的淺化，間接推廣了錢穆史觀在中等學校的普及化。

孫國棟在講授「中國通史」時，興之所至，還為學生示範一套「錢穆健身操」，說錢穆教授研究生，每看書一小時，就站起來，在書桌旁做五分鐘活動筋骨的體操。方法是：雙手合成一個圓圈，繞著書桌的一角上下打轉，左十次，右十次；雙腳左右分開，隨著動作時而蹲下，時而挺高，腰部同時扭動抒展。這種體操在狹小的書房內也可以進行，簡單而有實效。

孫國棟又曾向學生說，大家都重視「專」，想做個專家；但中國文化是強調「通」的，應該要努力做個「通人」，一個肩負學術文化和時代發展的「大通人」！[6] 這是錢穆和新亞教育向來倡導的，

5　《人生》雜誌創於 1951 年，錢穆的《人生十論》、《論語新解》及唐君毅的《道德之自我建立》等，曾於該刊發表，人生出版社印行新亞學人的著作頗多。

6　周佳榮〈孫國棟教授的治學理念〉，《灼見名家》「東亞潮研」專欄，網址：https://www.master-insight.com。

既力求精專，也希望能兼通，才可以更透徹地認識中國文化。新亞書院對香港文教事業的貢獻是有目共睹的，孫國棟在他的崗位上貢獻了一生，是錢穆史學在香港的守護者和重要傳人，並且完成了他那個時代的使命。

在新亞的三項職務

除了教學和研究之外，孫國棟在新亞有三項主要職務和貢獻。第一，是出任歷史系系主任，籌劃系務不遺餘力，整編課程，敦聘著名學者，使系中教授陣容鼎盛一時，有志入讀歷史系的學生益眾，系務蒸蒸日上，功不可沒。

第二，是籌辦新亞中學。1973 年，新亞書院遷入新界沙田，留下農圃道校舍，新亞董事長唐炳源旋即向香港政府申請，將校舍再歸入新亞教育文化會，作為興辦新亞中學之用。錢穆及新亞同人一直以來都有創辦中文中學的願望，惟籌劃多年都未能實現，至此因有現成校舍，獲政府批准後，繼任董事長李祖法與唐君毅即任命孫國棟主持將農圃道校舍改建為中學，在苦心經營下，新亞終於有中學、大學、研究所，完成了錢穆創辦一系列學府的夙願，孫國棟出任新亞中學校監。[7]

第三，是出任新亞研究所所長。新亞研究所亦隸屬新亞教育文化會，仍設於農圃道校舍中，1968 年至 1978 年，由唐君毅擔任所

7　蘇慶彬著《飛鴻踏雪泥 —— 從香港淪陷到新亞書院的歲月》，頁 399。

長。唐君毅逝世後，由嚴耕望暫代所長職務一年，繼由孫國棟擔任
所長，任期由 1978 年至 1983 年。在這五年間，穩定了研究所的人
事和行政。孫國棟卸任後一度移居美國，2005 年回港，寓居中文大
學新亞書院宿舍，直至去世，享年九十一歲。

錢穆講的故事

　　錢穆喜歡對學生講這樣的一個故事：抗日戰爭期間，錢穆去到
一間很大的寺院，和尚都因戰亂逃跑了，寺院也荒廢了。戰爭結束
後，錢穆重回舊地，看見寺內種了許多夾竹桃，開得很燦爛，遊客
大都十分欣賞。錢穆卻很感慨，認為這間寺院沒有前途，因為主持
的僧人只種夾竹桃，短期內繁花盛放，但夾竹桃最高只二三丈，壽
命最多十幾年。如有長遠打算，有計劃和理想，則一定會種松柏，
松柏可生長千年。主持眼光短淺，寺院焉能有大前途呢。

　　夾竹桃開的花是美麗的，松柏則受得起風雪，以兩種植物作為
譬喻，是要敦促人在艱苦中奮發。孫國棟說：「錢先生這故事有很
大啟示性，諸位種夾竹桃呢？抑或松柏？全由你們自己決定，希望
諸位不要求眼前一時的繁華，去種松柏，安排系務也是如此的，眼
光必須要長遠。」[8] 可謂一語中的，是經驗之談。

8　孫國棟口述〈談中國文化中之大傳統與小傳統〉，載黃浩潮主編《珍重・傳承・開創：
〈新亞生活〉論學文選》下卷，頁 761。

第十六章

章群：
任教香港大學中文系

生平事略和主要著述

　　章群畢業於新亞研究所，1962 年至 1978 年任教於香港浸會學院史地系，1979 年出任歷史系第一屆系主任，1980 年轉到香港大學中文系任教，直至退休，續於台灣東吳大學任教。港大中文系於 2006 年升格為中文學院。

　　章群（1925-2002），在香港浸會學院（香港浸會大學前身）任教期間，出版《中國文化史》二冊（香港：教育出版社，1978 年），並有《唐史》三冊（香港：龍門書店，1978 年）。他也有論文發表於《香港浸會學院學報》上，如〈唐代交通〉等。轉到香港大學任教後，出版了《唐代蕃將研究》（台北：聯經出版事業公司，1986 年）及《唐代蕃將研究續編》（1990 年）、《唐史札記》等。其他著作，由門生黃嫣梨編為《文情史德——章群雜文選輯》。

　　章群在《新亞學報》發表的論文，有〈論唐開元前的政治集團〉

（第一卷第二期，1956 年），認為唐太宗、唐高宗時，任用山東人士甚多，不存在關隴、山東人士集團間的鬥爭，開元之前不能以地域劃分政治集團。其〈唐代降胡安置考〉（創刊號，1955 年），分析降唐胡人的居地，章群致力於探討唐代蕃將，此文首開其端倪。總計唐代蕃將多達兩千五百餘人，章群的研究堪稱全面。[1]

　　章群著《唐史》前兩冊於 1958 年出版，1978 年至 1979 年間由香港龍門書店出齊三冊，內容包括唐代政治、制度、學術、文化等，論述較為全面。徵引史料甚豐，亦多個人心得。

　　2002 年起，香港浸會大學設有「章群教授紀念公開學術講座」，最初由他的家人捐款發起，浸大校友及社會熱心人士加以支持，預定每兩年舉行一次。應邀的講者主要是章群的門生弟子，計有廖伯源、黃兆強、周啟榮、張偉國等等。[2] 他們都出身於香港浸會學院史地系，並在新亞研究所碩士班畢業。

早年與新亞的淵源

　　黃嫣梨編《文情史德 —— 章群雜文選輯》（香港：光明圖書公司，1997 年），收錄章群所寫的三十幾篇文章，是他在學術論文和

1　劉健明、呂振基〈四十年來香港的隋唐五代史研究〉，載周佳榮、劉詠聰主編《當代香港史學研究》，209-210 頁。

2　《香港浸會大學歷史系四十年圖錄》（香港：香港浸會大學歷史系，2018 年），頁 105，189。

研究專著之外的讀書札記和生活感受，分為「讀史隨筆」和「文學漫談」兩輯。章群在此書的〈自序〉中說：「文稿大分為二類，其一為友人門生所託，乃操翰應命。其二為所入微薄，稿酬聊可供買書之用。此類中有抒情寫意之文，實如琴韻參差，不成音調。此外如悼亡之詞，既以記往日情誼，亦略存其人事跡。海天不老，而惆悵長在，下筆之際，豈能自已。」[3]

《文情史德》中有〈悼念錢師賓四〉一篇，記述他早年認識錢穆的經過，及追隨錢穆到新亞讀書的情形。章群回憶說，1952 年錢穆到台灣，在淡江英語專科學校（淡江文理學院前身）驚聲堂演講，章群當時坐在第二排，演講完畢，問者不斷，錢穆作答之際，忽然屋頂簷板掉下，錢穆受傷倒地，大家不知所措，驚惶中只聽到「快送中心診所」。章群回到辦公室告知張其昀，即命急去探視，但見錢穆昏迷在床，數月後返港療養。

第二年，錢穆康復後再到台灣，住杭州南路民主評論社，是年恰六十歲，張其昀為他出版祝壽論文集，命章群送去。錢穆問了姓名，很快說了三句話，第一句是「你的兩篇文章我已看到」，第二句是「我現在那裏有錢」，第三句是「你跟我去唸書」。

章群解釋說，他在台灣大學畢業後，未敢考研究所，1954 年在《大陸雜誌》連續發表了兩篇文章，錢穆看到了。錢穆當年到台灣時，新亞書院已接受耶魯大學雅禮協會的經濟援助，新亞研究所則

3　章群〈自序〉，載《文情史德 —— 章群雜文選輯》（香港：光明圖書公司，1997 年），頁 i。

受哈佛燕京學社之助，已經有了經費。當時章群在教育部工作，錢穆叫他去唸書，自然樂於接受。簡單的三句話，就改變了章群的一生，從此脫離公務員生涯，走向學術界。事情恰體現了前輩對後進的栽培之意。

在新亞研究所時，章群的同學有何佑森等人，錢穆准許不用上課，與其後的研究生須上課和修學分情形不同。所以章群說他們這一班可說是養成教育，完全「自行研究」。他在這兩年間，完成了《唐史》兩冊。1958 年離開新亞，其後曾於研究所兼課兩年，而錢穆已去台定居，章群「與新亞的關係，也似有似無了」。[4]

在艱苦奮進的年代

1971 年，章群為香港浸會學院的《史地系系刊》作序辭，指出「浸會學院是一間歷史不太久的學校，還沒有一種傳統，風氣也還沒有養成。就學校而論，所謂風氣，就是指的學風，學風不是虛無縹緲不可捉摸的，我們可以從學習的態度上見到，從課堂上，從圖書館中，從師生的談話中見到，風氣的養成，有待於在上者的倡導，也有待於同學們在學習上的自覺，而當從培養興趣著手。」[5] 他認為出版系刊，是創立了好的風氣。新亞書院歷史系，在 1960 年代後期就創辦系刊，後來其他大專院校的歷史系也相繼出版系刊，

4　章群〈悼念錢師賓四〉，載《文情史德 —— 章群雜文選輯》，頁 77-79。

5　章群〈歷史和傳統〉（一），載《文情史德 —— 章群雜文選輯》，頁 6。

一時成為風氣。

香港浸會學院在艱苦奮進的那些年，情況與早年的新亞書院相若，隱然有一種浸會精神，「浸會精神」與「新亞精神」有相通的地方。浸會的校訓「篤信力行」及校歌歌詞，均為謝扶雅所作，校歌歌詞涵蓋了創校的使命和宗旨，全文如下：「南天海角，獅子山前，我校聳立輝煌；中西結合，昌明學術，世界新發光芒；盡心盡性，立己立人，基督榮名孔揚；緬念前猷，任重道遠，相期澤普流長。」[6] 浸會校歌和新亞校歌，都是同一個時代的寫照。

1978 年，香港浸會學院史地系分立為歷史、地理兩系；翌年，畢業於新亞研究所的章群和羅炳綿，分別轉到香港大學和香港中文大學任教，由出身新亞研究所的劉家駒繼任香港浸會學院歷史系系主任。中國文化精神，在幾個校園內起了互相呼應的效果，因為大家所珍而重之的，都是這一精神號召下的文化傳統。當大學不再需要在困境中艱苦奮進的時候，新亞人也好，中大人也好，浸會人也好，如何秉承創校初衷那種崇高精神，是新時代的考驗。

6　周佳榮、黃文江、麥勁生著《香港浸會大學六十年發展史》（香港：三聯書店〔香港〕有限公司，2016 年），頁 6。

第十七章

劉家駒：
香港浸會學院歷史系系主任

生平概略和教學工作

　　新亞研究所有幾位早期畢業生到香港浸會學院歷史系任教，劉家駒是其中一位，並且擔任系主任六年，對提升該系學術水平作了很大貢獻。繼香港大學和香港中文大學之後，香港浸會大學成為本地第三所開設歷史系的大學，並且有長足的發展，劉家駒的領導功不可沒。

　　劉家駒（1932-1987），河北高邑人。早年曾在察哈爾、北平、台灣求學，1953年來香港，入華南總修院攻讀哲學，畢業後為瑪利諾會神父做傳道員。1956年入新亞書院歷史系就讀，1960年畢業後，入新亞研究所，1962年完成論文〈論唐代之朔方軍〉，留所擔任東南亞研究室助理研究員，並追隨陳荊和研習東南亞史，1969年獲香港中文大學文學碩士學位。他的碩士論文是《菲律賓菲化運動之研究》，1983年由香港學津書店出版。

　　1965 年起，劉家駒在香港浸會學院史地系兼課，1969 年轉為專任講師。1978 年，香港浸會學院史地系分為歷史、地理兩系，章群出任歷史系第一任系主任，次年轉到香港大學中文系任教；劉家駒繼任為香港浸會學院歷史系第二任系主任，由 1979 年至 1985年。其後晉升為高級講師，專注教學及研究工作；又接受校方委任，開始撰寫香港浸會學院校史，只完成導論萬餘字，1987 年因病逝世。在校任職二十二載。[1]

　　劉家駒在香港浸會學院史地系和歷史系任教的科目，計有「中國通史」、「中國文化史」、「中國近三百年學術思想史」、「東南亞史」、「東南亞華人史」、「史學方法」等。劉氏學識宏深，議論精闢，身教與言教並重，備受諸生愛戴。擔任系主任期間，系中年輕教師有馮培榮（香港中文大學崇基學院畢業，後留學英國）、宋韶光（台灣大學畢業，留學美國）、李金強（台灣師範大學畢業，新亞研究所碩士，後留學澳洲）、周佳榮（香港中文大學新亞書院畢業，留學日本），後來加入的還有林啟彥（香港中文大學新亞書院畢業，香港中文大學碩士，留學日本）、關一球（倫敦大學畢業，後赴加拿大）幾位，以及每年來自美國的訪問學人。劉家駒對後學關懷備至，深為諸人所敬重。新亞研究所碩士班第二屆畢業的楊遠，亦曾在系裏兼課。他的碩士論文題目是〈戰國時代之戰爭地理研究〉，著有《唐代的礦產》（台北：台灣學生書局，1982 年）。

1　周佳榮〈記一位仁愛的歷史教育家 —— 劉家駒先生的生平和著作〉，載《歷史教育論壇》第三期（香港：香港浸會大學歷史學系，1997 年），頁 8-9。

劉家駒著有《歷史與現實》（香港：學津書店，1978 年），縷述歷史、現實兩者的關係。其《菲律賓菲化運動之研究》由學津書店於 1983 年出版，論述 1930 年代至 1960 年代的菲化運動，並探討其發展趨勢。劉家駒在香港浸會學院傳陳荊和之學，「東南亞華人史」一科，後由門人黃嫣梨任教，周佳榮、伍榮仲亦曾講授此科及東南亞史。[2] 他的學生在懷念劉家駒時，以仁厚的長者、豐富的課堂、委身的態度三事為言。[3]

論歷史功能和歷史教育

1981 年，劉家駒在香港浸會學院歷史學會主辦的「歷史雙週」活動中，為歷史系同學做了一次學術演講，題為「在現代潮流中談歷史的功能」，指出五個主要方面：

第一，「是讓我們腳踏實地、面對現實、開拓眼界與胸襟，拋棄幻想而建立或堅持理想。」從好處說，人類歷史是多彩多姿的；平鋪直敘地說，是矛盾叢生、多種類型的；從壞處說，則為是非、善惡、美醜混雜的多樣化。這些都是歷史研究者所要面對、並且必須接納的事實。

第二，「歷史不但赤裸裸地告訴我們：這是什麼、那是什麼，這是知識的科學系統；同時，也使我們知道：人或人類活動或行

2　黃嫣梨〈劉家駒老師的治學與修身〉，載《歷史教育論壇》第三期，頁 10-11。

3　盧鑑榮〈懷念劉家駒老師〉，載《歷史教育論壇》第三期，頁 14-15。

為，在某些場合或範圍內，應當如何、不應當如何，這是屬於價值系統，運用在人倫道德方面的。」這就是所謂「實然」與「應然」的問題。人和人類除實然外，必然要觸及應然的問題。「這牽涉到人在宇宙中地位問題，也是人性尊嚴問題，更是人或人類不同於其他動物的價值問題。什麼是歷史評價，什麼是歷史的見證，為什麼要向歷史交代，就是指這些。」

第三，歷史的功能「是會使我們個人的生命與團體生命、國族生命或人類生命結合在一齊，而不孤立，不孤單」。由歷史所呈現的團體生命、國族生命或人類生命，是人的後盾；也可以這樣說：個人的生命，通過他對歷史的了解，已經與團體、國族或人類的大生命融在一起了。歷史的生命，就是指團體精神、民族文化。

第四，歷史告訴我們，「我們除了政治之外，仍然有生活」。劉家駒語重心長地說：還有其他各種為滿足人類需要的多種方面的生活，如經濟、文學、藝術、科技、宗教等等，「也因此而使我們會欣賞和尊重不同的生活方面，調協自己的生活，使之和諧」。

第五，歷史「可以提供清除兩代之間，形成對立代溝的證據」。他引述湯恩比在接受日本記者訪問時所說的一番話：「老一代的必須學習新一代的事務；新一代的必須學習老一代的經驗。這也就是人或人類一半是與前一世代相聯繫，一半是可以自由的。誰也不完全自由；誰也不完全成為歷史的俘虜。」

結語指出：「我們所生活的時代，是一個開始拋棄幻想，建立理想的落實時代，但仍然是一個價值系統中的道德標準紊亂的時代」。為此，他針對這一時代潮流，提出以上歷史研究在這時代所

發生的功能。[4]

　　劉家駒的著作中，每多有關歷史教育的雋語。他指出：「一談到歷史，人們不自覺地便以為歷史是向後看的。實際上，歷史是向前看的。」司馬遷說，他的《史記》就是想「述往事，思來者」。錢穆在《史學導言》中認為，一個從事歷史研究的人，必然會發現過去的並未過去，未來的已經到來。在研究歷史時，對象固然該是過去的資料，然而，其作用則是從現在而展望將來的。劉家駒覺得，如果說：「歷史的研究是面對著變動，恐怕更加妥貼。」

　　一個歷史潮流的形成，必然有其動力；不過，這動力很少是簡單化和絕對化的。如果有人問，這「動力的動力」是什麼？劉家駒會毫不猶豫地說：「是人對人的愛與關懷。」對於他個人以歷史教研工作為志業的抉擇，他這樣表示：「回憶起來，我之所以對歷史學產生興趣，確實是來自教授我歷史科的老師們強烈歷史感的影響與感染。因為歷史感既超越時空，而又與時空相關聯。」[5]

　　林啟彥強調：「先生就歷史教育的讜言偉論，每多能發人深省。此皆因先生豐富的人生閱歷、與精深的治史體會有以致之。這些都是劉先生經過精心琢磨錘煉而成的美言佳句，其中更不乏寓意深長的思想與哲理。」[6]讀《歷史與現實》一書，可有更多發現。

4　劉家駒〈在現代潮流中談歷史的功能〉，載《歷史教育論壇》第三期，頁 1-2。此文原載《歷史系年刊》（香港：香港浸會學院歷史學會，1981 年）。

5　林啟彥輯錄〈劉家駒先生論史雋語錄〉，載《歷史教育論壇》第三期，頁 3-7。

6　同上注。

研究專著和文章結集

在《菲律賓菲化運動之研究》一書中，劉家駒指出「華僑對菲律賓的開發與貢獻，即使在最極端困難的環境裏，仍憑天賦的刻苦耐勞精神，胼手胝足地生存下去」。內容共有七章：第一章為導論，第二至第四章分述初期的菲化運動（1934-1944）、第二階段的菲化運動（1946-1953）及菲化運動的高潮（1954-1961），第五章從思想、政治、文化三方面分析菲化運動的原因，第六章探討 1963 年至 1968 年間菲化運動的趨勢，第七章為結論，一再強調華僑華人對菲律賓經濟利益和社會發展所作出的貢獻。戰後以來菲化運動的來龍去脈，於此可見其概要。[7]

劉家駒因與台灣一位研究明清史的學者同姓同名，因而常用劉健的筆名發表文章。他逝世後，聖神修院神哲學院編集了《劉健先生遺文輯錄》於 1990 年出版。學術論文方面，主要有：〈從韓非子之重勢思想度釋秦明之滅亡〉，載《香港浸會學院學報》第四卷第一期（1977 年）；〈論唐代之朔方軍〉，載《香港浸會學院學報》第七期（1980 年）；〈論貞觀之治的基本精神〉，載《中國歷史學會史學集刊》第十七期（1985 年）等。此外，亦撰有關於孫中山、徐復觀的論文。

劉家駒使用的其他筆名，還有柳以青、馬以定等。所撰雜著短

---

7 劉家駒著《菲律賓菲化運動之研究》（香港：學津書店，1983 年），頁 2。

文，多論述中國國情及文化出路，亦喜探討宗教問題和人生哲理，頗具儒雅君子之風。曾出版《天主教在中國》（香港：中國學人出版社，1976 年），署林漠野著。

　　香港浸會學院於 1982 年聘請英國學歷審查委員會來港，評核學院的學術水平，歷史系在劉家駒領導下順利通過審核，系中的教學質素和學術表現均獲嘉許。學院於 1994 年升格為香港浸會大學，該校歷史系成為香港第三個開設學位課程的歷史系；其後開辦碩士、博士課程，並與地理系、社會系、經濟系合辦中國研究學士、當代中國研究碩士課程。在艱難中奮鬥和成長，亦體現了新亞當初創立和發展的精神。2004 年，香港浸會大學歷史系編印了一冊《劉家駒先生紀念集》，並舉行「劉家駒先生紀念獎學金」成立典禮。[8] 該獎學金由系中師生和歷屆畢業校友集資捐設，頒予成績優秀的本科生和碩士、博士研究生。

8　《香港浸會大學歷史系四十年圖錄》，頁 101-102。

第十八章

蘇慶彬：
新亞書院歷史系系主任

終身是個「新亞人」

　　蘇慶彬是新亞書院桂林街時代的畢業生，經新亞研究所的培養，而成為農圃道時代至沙田時代的歷史系教師，延續了新亞史學的精神和使命。退休後撰《七十雜憶──從香港淪陷到新亞書院的歲月》，晚年從海外返港，捐款資助新亞研究所，回饋母校，終身是一個「新亞人」。

　　蘇慶彬（1932-2016），先祖原籍今陝西省，後遷至廣東省惠陽縣，他幼年在鄉間度過，抗日戰爭時期曾到香港讀書。抗戰勝利後再返香港，重回校園生活。一次因參加了新亞書院舉行的文化講座，聽錢穆主講「老莊與中庸」，隨即入校讀書，1956年畢業於文史系。接著入新亞研究所進修，畢業後任助理研究員、研究員，1967年獲香港中文大學碩士學位，同時擔任新亞書院歷史系教職，

直至 1993 年榮休。[1]

蘇慶彬在歷史系任教的科目，包括「中國通史」、「秦漢史」、「魏晉南北朝史」、「中國歷史要論」及「中國文化史」。在大學從事教研工作三十多年，本著誠意去鼓勵年輕人，不要隨便放棄求學機會，打好基礎，成為有用之材，其實這正是他自己成長經歷的寫照。[2]

蘇慶彬在新亞研究所撰寫的論文，是《兩漢迄隋入居中國之蕃人研究》（1958 年）；在香港中文大學的碩士論文，是《清史稿列傳本證：諸王列傳之部》（1967 年）。兩篇論文，均由牟潤孫指導。1958 年完成的論文，經修訂後，題為《兩漢迄五代入居中國之蕃人氏族研究 —— 兩漢至五代蕃姓錄》，1967 年由新亞研究所以專刊形式出版。

蘇慶彬以多年心力研究《清史稿》，至晚年勉力完成《清史稿全史人名索引》上、下兩巨冊，2015 年由中華書局（香港）有限公司出版，為研究清史的學者提供了很大方便。

1　黎明釗、李廣健〈訪問蘇慶彬老師：憶述新亞五十年〉，載香港中文大學歷史系編《貫古通今‧融東會西 —— 扎根史學五十年》，頁 321-339。

2　蘇慶彬著《七十雜憶 —— 從香港淪陷到新亞書院的歲月》，2018 年再版改題《飛鴻踏雪泥 —— 從香港淪陷到新亞書院的歲月》，封面和封底插畫由蘇慶彬的女兒、著名插畫家蘇美璐繪畫。

在新亞的三個階段

蘇慶彬在新亞四十年的經歷，可以分為三個階段：（一）在新亞書院的四年，是他生命中的轉捩點；（二）在新亞研究所由研究生到助理研究員、副研究員到研究員，度過恬靜平淡的生活；（三）香港中文大學教學生涯，是他生命中最重要的時期。

1950 年代開始，「香港原有英國殖民地色彩的高等教育，又慢慢地醞釀出具有中國傳統文化特色的專上教育，與百多年來英國殖民地高等教育同步發展。新亞書院的創立，正是香港現代教育發展史上一個最具代表性的例子」。[3] 蘇慶彬回憶他早年第一次到桂林街新亞書院參加文化講座，聽錢穆講「老莊與中庸」的情形，有以下仔細的描述：

> 上到四樓走進講室，坐滿了聽眾，除了部分也許是書院的學生外，其他不少是中年人，或年老人。我想這些聽眾，若不是熱心學術，怎會走上四樓在極其簡陋的課室聽講？當晚，我非常留心地聽了一個多鐘頭，錢先生講些什麼？都沒有聽懂，全不明白。只能看著黑板上所寫的有關幾個字。錢先生個子不高，穿著一件藍色長衫，講話時總是面帶笑容，一邊講，一邊在講台上踱來踱去，態度從容。內容雖然聽不懂，卻被他的抑

3　蘇慶彬著《七十雜憶 —— 從香港淪陷到新亞書院的歲月》，頁 180。

揚頓挫的聲音和風度吸引著。[4]

　　新亞書院文史系課程中，有專書選讀一門，其中的《莊子》是由錢穆擔任講授，共十三週。錢穆寫過一本《莊子纂箋》，叮囑同學還要讀郭象的《莊子》注解。授課時先徵引古今各家的注解加以分析，然後提出自己的見解，所以教學進度非常緩慢，整個學期只講了〈逍遙遊〉、〈齊物論〉、〈養生主〉三篇而已。他教的是一種精讀文章的方法，以三篇示範去啟發學生的讀書方法。[5] 蘇慶彬說，「不到一年，錢師所講的話，除了較難懂的一些外，幾乎都能聽懂了。錢師講課時那種從容不迫風度，和抑揚頓挫的聲調，更能領略所講內容的精闢之處。」曾經有位同學畢業後急於找尋出路，顯出緊張與惶恐，錢穆作了一個比喻說：「找職業與走上巴士（公共汽車）一樣，不必急於東張西望忙去找坐位，只要安靜地站著，耐心的等候，遇著在你身邊的人站起走開，你便可安然坐下，何必急躁？」[6] 錢穆的教學和處世之道，於此可見一斑。

晚年的教研工作

　　1993 年蘇慶彬從香港中文大學退休後，在澳門居住，初時在澳

4　同上注，頁 181-182。

5　同上注，頁 189-190。

6　同上注，頁 313-315。

門大學教育學院兼任一些歷史課程，後來轉為專任，在重上講台的幾年間，與同事和學生都相處得十分愉快。這讓他有機會了解到澳門教育的一些情況，也讓他從中大退休後獲得了一份意外的生活體驗；同時他亦把錢穆史學帶到澳門，達成了兩岸四地的傳承。在此前後，也有新亞研究所的畢業生在澳門大學任教。

在澳門居留期間，蘇慶彬與霍啟昌、鄭德華合編《澳門歷史實驗教材》（澳門：華輝出版社，1998 年），主編《跨世紀學科教育 —— 中國語文、歷史與地理教學研討會論文集》（澳門：澳門大學教育學院、澳門教育暨青年局、澳門大學澳門研究中心，2000 年）。[7]

蘇慶彬在新亞研究所專治中國歷史，長達十一年，日常生活平靜如水，自云那種恬淡的生活適合他的個性。錢穆一開始便囑咐他整理《清史稿》，做人名索引，後因缺乏經費，改為進行其他專題研究。但蘇慶彬對《清史稿》人名索引的計劃一直念念不忘，五十六年後，幾經努力，終於完成錢穆交付給他的此項任務。

1994 年後，蘇慶彬輾轉遷居，人名索引和草稿必親手攜帶，不假手於人。至 2007 年，銳意日以繼夜，埋首工作，又歷七年有餘，後期得諸門生相助，整理工作始告完成。[8]《清史稿全集人名索引》兩巨冊，2015 年由香港中華書局出版，農圃道時代的畢業生陳

7　蘇慶彬著《飛鴻踏雪泥 —— 從香港淪陷到新亞書院的歲月》，頁 433-434。

8　蘇慶彬〈感言一：《清史稿全史人名索引》付梓感言〉，載氏編《清史稿全史人名索引》下（香港：中華書局〔香港〕有限公司，2015 年），頁 1243。

萬雄為恩師此書作序，結語說：「蘇師師承錢賓四先生和牟潤孫先生，兩人學術風格雖不一樣，但都擅於議論。同時，他們亦極重視為學的嚴謹和基本功嚴格的訓練。加上嚴耕望、全漢昇、王德昭以及較年青的孫國棟和蘇慶彬諸師，同樣重視基礎訓練的流風所及，遂造就了新亞一代學風。」[9] 錢穆及新亞師生的史學傳承，大略於此可見。

9　陳萬雄〈陳萬雄序：由《清史稿全史人名索引》以見新亞學風之一端〉，載蘇慶彬編《清史稿全史人名索引》上，頁 iv。

附錄

錢穆在香港的活動和著述

年份	重要活動	主要著述
1949 （55歲）	春，赴廣州，任私立華僑大學教授。 秋，隨校赴香港。 10月，張其昀、謝幼偉、崔書琴創辦亞洲文商學院（夜校），任為院長。	本年，撰〈人生三路向〉等文章。
1950 （56歲）	本年，改夜校為日校，易名新亞書院，任常務董事、院長，兼文史系系主任。	本年，撰〈中國傳統政治〉等文章。
1951 （57歲）	冬，為籌辦新亞書院分校赴台北，未果。	《國史新論》，香港、台灣（自印本）。 《莊子纂箋》，香港：東南出版社。

年份	重要活動	主要著述
1952 （58歲）	4月，在台灣遇意外，養病數月	《中國思想史》，台北：中華文化出版事業委員會。 《中國歷代政治得失》，香港（自印本）。 《中國歷史精神》，印尼：耶加達〔雅加達〕天聲日報。 《文化學大義》，台北：正中書局。
1953 （59歲）	秋，創辦新亞研究所，其初在九龍太子道租用一層樓宇作為所址。	《四書釋義》，台北：中華文化副業委員會。 《宋明理學概述》，台北：中華文化出版事業委員會。
1954 （60歲）	本年，兼新亞研究所所長。 卸文史系系主任職務，由牟潤孫繼任。	本年，撰〈孔子與春秋〉等文章。
1955 （61歲）	本年，新亞研究所正式招收碩士班研究生。 6月，香港大學頒贈名譽法學博士學位。	《人生十論》，香港：人生出版社。 《中國思想通俗講話》，香港（自印本）。 《新亞學報》（年刊）創刊。

年份	重要活動	主要著述
1956 （62 歲）	1 月，與胡美琦結婚。 9 月，新亞書院農圃道校舍落成遷入，是書院有自己校舍的開始，新亞研究所亦遷入新校舍。 文史系分為中國文學系、歷史學系，仍由牟潤孫兼兩系系主任。	本年，撰〈中國古代北方農作物考〉等文章。
1957 （63 歲）	本年，新亞書院創藝術專修科。	《秦漢史》，香港（自印本）。 《莊老通辨》，香港：新亞研究所。
1958 （64 歲）	本年，新亞書院增設藝術系。	《兩漢經學今古文平議》，香港：新亞研究所。 《學籥》，香港（自印本）。
1959 （65 歲）	秋，決定參加香港中文大學，並參與籌設香港中文大學事宜。	本年，撰〈從董仲舒的思想說起〉等文章。
1960 （66 歲）	本年，赴美國耶魯大學講學，獲頒榮譽文學博士學位。 提議新大學取名中文大學。	《民族與文化》，台北：聯合出版中心。 《湖上閒思錄》，香港：人生出版社。
1961 （67 歲）	本年至 1965 年間，在新亞研究所舉辦的學術專題演講中，一共作了二十次演講，講稿大部分發表於《新亞生活》第四卷至第七卷各期。	《中國歷史研究法》，香港：孟氏教育基金委員會。

年份	重要活動	主要著述
1962 （68 歲）	本年，新亞研究所成立東南亞研究室，由陳荊和擔任主任。	本年，撰〈學問與德性〉等文章。 《史記地名考》（上、下冊），香港：太平書局。
1963 （69 歲）	10 月，香港中文大學成立，包括崇基學院、新亞書院、聯合書院。 本年，孫國棟繼任歷史系系主任。	《論語新解》，香港：新亞研究所。 《中國文學講演集》，香港：人生出版社。
1964 （70 歲）	本年，卸新亞研究所所長職務，由吳俊升繼任所長。 向新亞董事會辭去新亞書院院長之職，董事會允許他明年正式卸任。 擇居青山灣，計劃撰寫《朱子學案》一書。 割治青光眼疾。 嚴耕望到新亞書院任教。	本年，撰〈中國文化體系中之藝術〉等文章。
1965 （71 歲）	6 月，卸任新亞書院院長職務，由吳俊升繼任院長。 7 月，赴吉隆坡任馬來亞大學教授。 本年，全漢昇到新亞書院任教。	本年，撰〈論中華民族之前途〉等文章。
1966 （72 歲）	2 月，因胃病提前返港，住沙田舊居。開始撰寫《朱子學案》。 本年，王德昭到新亞書院任教。	
1967 （73 歲）	10 月，遷居台灣，住台北市區金山街；翌年 7 月，入住台北士林外雙溪臨溪 72 號素書樓。	本年，撰〈四部概論〉等文章。

主要參考書目

（一）錢穆部分著作的版本

(1) 錢穆著《國學概論》，上海：商務印書館，1931 年；香港：國學出版社，1966 年。

(2) 錢穆著《先秦諸子繫年》，上海：商務印書館，1935 年；香港：香港大學出版社，1956 年修訂本。

(3) 錢穆著《國史大綱》上、下冊，商務印書館，1940 年；香港：自印本，1955 年；香港：商務印書館（香港）有限公司，1989 年。

(4) 錢穆著《秦漢史》，香港：自印本，1957 年。

(5) 錢穆著《中國思想史》，香港：自印本，1956 年；香港：新亞書院，1962 年。

(6) 錢穆著《中國歷代政治得失》，香港：自印本，1952 年；香港：人生出版社，1952 年。

(7) 錢穆著《從中國歷史來看中國民族性及中國文化》，香港：中文大學出版社，1979 年。

(8) 錢穆著《新亞遺鐸》，台北：東大圖書公司，1989 年；北京，

生活．讀書．新知三聯書店，2004 年。

(9) 《錢賓四先生全集》五十四冊，台北：聯經出版公司，1998 年。

(10) 郭齊勇、汪學群編《二十世紀學術經典．錢穆卷》上、下冊，石家莊：河北教育出版社，1999 年。

（二）關於錢穆的專書

(1) 胡美琦著《樓廊閒話》，台北：中華日報，1979 年；台北：素書樓文教基金會，2004 年；北京：九州出版社，2012 年。

(2) 余英時著《猶記風吹水上鱗 —— 錢穆與現代中國學術》，台北：三民書局，1991 年；此書的簡體字版題為《錢穆與現代中國學術》，桂林：廣西師範大學出版社，2006 年。

(3) 嚴耕望著《錢賓四先生與我》，台北：台灣商務印書館，1992 年；此書有簡體字版，收入嚴耕望著《治史三書》，上海：上海人民出版社，2016 年。

(4) 李木妙編撰《國史大師：錢穆教授傳略》，台北：揚智文化事業股份有限公司，1995 年。

(5) 郭齊勇、汪學群著《錢穆評傳》，南昌：百花洲文藝出版社，1995 年。

(6) 鄧爾麟著，藍樺譯《錢穆與七房橋世界》，北京：社會科學文獻出版社，1995 年。按：此書是 Jerry Dennerline, *Qian Mu and the World of Seven Mansions* (New Haven: Yale University Press,1989) 的中譯本。

(7) 汪學群著《錢穆學術思想評傳》，北京：北京圖書館出版社，1998 年。

(8) 倪芳芳著《錢穆論語學析論》，台北：東華書局出版社，1998 年。

(9) 台灣大學中國文學系編《紀念錢穆先生逝世十周年國際學術研討會論文集》，台北：台灣大學中國文學系，2001 年。

(10) 陳勇著《錢穆傳》，北京：人民出版社，2001 年。

(11) 印永清著《百年家族 —— 錢穆》，台北：立緒文化事業有限公司，2002 年；石家莊：河北教育出版社，2003 年。

(12) 徐國利著《錢穆史學思想研究》，台北：台灣商務印書館，2004 年。

(13) 錢穆故居管理處編《錢穆思想學術研討會論文集》，台北：東吳大學，2005 年。

(14) 韓復智編著《錢穆先生學術年譜》六冊，台北：五南圖書出版公司，2005 年；北京：中央編譯出版社，2012 年。

(15) 陳勇著《國學宗師錢穆》，北京：北京大學出版社，2007 年。

(16) 陸玉芹著《未學齋中香不散：錢穆和他的子弟》，廣州：廣東教育出版社，2007 年。

(17) 汪學群、武才娃著《錢穆》，昆明：雲南教育出版社，2008 年。

(18) 黃兆強主編《錢穆先生思想行誼研究論文集》，台北：東吳大學，2009 年。

(19) 徐國利著《一代儒宗 —— 錢穆傳》，武漢：湖北人民出版社，2011 年。

(20) 馬森著《與錢穆先生的對話》，台北：秀威資訊科技股份有限公司，2011 年。

(21) 錢行著《思親補讀錄 —— 走近父親錢穆》，北京：九州出版社，2011 年。

(22) 周育華著《從無錫七房橋走出的文化大家 —— 君子儒錢穆評傳》，南京：鳳凰出版社，2011 年。

(23) 梁淑芳著《錢穆〈論語新解〉研究：以比較為主要進路的考察》，台北：文津出版社，2013 年。

(24) 戴景賢著《錢賓四先生與現代中國學術》，香港：中文大學出版社，2014 年；北京：東方出版中心，2016 年。

(25) 吳華、黃豪、郭俊良、周上群著《傳統視域下的錢穆 —— 中外文明交流史數論》，上海：上海科學技術文獻出版社，2015 年。

(26) 莫名著《不信東風喚不回 —— 隨錢穆先生讀書》上、下冊，香港：天地圖書有限公司，2016 年。

(27) 周佳榮著《錢穆史學導論 —— 兩岸三地傳承》，香港：中華書局（香港）有限公司，2017 年。

(28) 楊明輝著《錢穆傳》，南京：江蘇人民出版社，2019 年。

（三）關於新亞的專書

(1) 黃祖植著《桂林街的新亞書院》，香港：容膝齋，2005 年。

(2) 《香港中文大學新亞書院研究所概況》，香港：香港中文大學新亞書院研究所，1965 年。

(3) 《新亞研究所概況》，香港：新亞研究所，1999 年。

(4) 《新亞歷史系系史稿》，香港：香港中文大學新亞書院歷史系會，1985 年。

(5) 《舊鄉與新路 ── 新亞諸師論中國文化》，香港：香港中文大學新亞書院，2002 年。

(6) 《誠明古道照顏色 ── 新亞書院 55 周年紀念文集》，香港：香港中文大學新亞書院，2006 年。

(7) 屈啟秋主編《農圃道的足跡》，香港：商務印書館（香港）有限公司，2007 年。

(8) 《與藝同行五十年》（二），香港：香港中文大學藝術系，2007 年。

(9) 《新亞書院概覽 2009-2010》，香港：香港中文大學新亞書院，2009 年。

(10)《新亞書院六十周年紀念光碟（1949-2009）》，香港：香港中文大學新亞書院，2009 年。

(11)《香港中文大學新亞書院金禧紀念活動特刊（1949-1999）》，香港：香港中文大學新亞書院，2001 年。

(12) 周愛靈著《花果飄零：冷戰時期殖民地的新亞書院》，香港：商務印書館（香港）有限公司，2010 年。

(13)《師道傳承 ── 從新亞至中大的傳藝者》，香港：香港中文大學藝術系系友會，2012 年。

(14) 張學明、何碧琪主編《誠明奮進 ── 新亞精神通識資料選輯》，香港：商務印書館（香港）有限公司，2019 年。

(15) 黃浩潮主編《珍重・傳承・開創：〈新亞生活〉論學文選》上、
下卷，香港：商務印書館（香港）有限公司，2019 年。

(16) 譚偉平、張冠雄、蔡玄暉主編《內在的自由 —— 新亞校園生活
今昔剪影》，香港：商務印書館（香港）有限公司，2020 年。

（四）關於香港教育和學術的專書

(1) 周佳榮、劉詠聰主編《當代香港史學研究》，香港：三聯書店
（香港）有限公司，1994 年。

(2) 陳方正主編《與中大一同成長：香港中文大學與中國文化研究
所圖史，1949-1997》，香港：香港中文大學中國文化研究所，
2000 年。

(3) 林亦英、施君玉編輯《學府時光：香港大學的歷史面貌》，香
港：香港大學美術博物館，2001 年。

(4) 楊永安主編《足跡 —— 香港大學中文學院九十年》，香港：中
華書局（香港）有限公司，2017 年。

(5) 黃嫣梨、黃文江編著《篤信力行 —— 香港浸會大學五十年》，
香港：香港浸會大學，2006 年。

(6) 周佳榮、黃文江、麥勁生著《香港浸會大學六十年發展史》，
香港：三聯書店（香港）有限公司，2016 年。

(7) 容萬城著《香港高等教育：政策與理念》，香港：三聯書店（香
港）有限公司，2002 年。

(8) 方駿、熊賢君主編《香港教育通史》，香港：齡記出版有限公

司，2008 年。

(9) 鮑紹霖、黃兆強、區志堅主編《北學南移 —— 港台文史哲溯源》文化卷、學人卷 I 及 II，台北：秀威資訊科技股份有限公司，2015 年。

(10) 香港中文大學歷史系編《貫古通今．融東會西 —— 扎根史學五十年》，香港：三聯書店（香港）有限公司，2016 年。

(11)《香港浸會大學歷史系四十年圖錄》，香港：香港浸會大學歷史系，2018 年。